AF534376

OLIVER BOCK

RHEINGAUER UNTERWELTEN

DIE SCHÖNSTEN WEINKELLER UND IHRE SCHÄTZE

Mit Fotos von Hermann Heibel

SOCIETÄTS VERLAG

OLIVER BOCK

RHEINGAUER UNTERWELTEN

INHALT

RHEINGAUER UNTERWELTEN

PROLOG

DIE SCHÖNSTEN WEINKELLER UND IHRE SCHÄTZE

Liebe Leserinnen und Leser,

endlich mal abtauchen in die Unterwelt …

Der Gedanke hat für Viele schon etwas Packendes. Auch wenn es in diesem thematisch ungewöhnlichen und bisher einzigartigen Werk von Oliver Bock zunächst einmal um einen Perspektivwechsel geht. Nämlich unseren schönen Rheingau einmal nicht *über* dem fruchtbaren Boden zu betrachten, sondern die Region *unter* dem Erdreich zu beleuchten. Angeregt – wie er sagt – von ausgedehnten Kellerproben, die in ihm die Weingeister weckten.

Dieser im wahrsten Sinne tiefe Blick in die Rheingauer Kultur hat uns ebenfalls inspiriert – seine Reise in die Unterwelten zu begleiten.

Denn buchstäblich unter den Schlössern, Villen, Rathäusern und Klöstern – aber auch einfach direkt im Berg – erzählen die vom „Schwarzes Kellertuch" überzogenen und meist schummrigen Mauern, Gewölbe und Keller Geschichten ihrer jeweiligen Epoche, die es aufzudecken lohnt. Und das hat Oliver Bock für uns im ersten Teil des Buches sehr anschaulich getan.

Hinter den folgenden Seiten steckt daher nicht nur Kulturgeschichte, sondern die Geschichte und Gedanken von Menschen vor unserer Zeit – und von heute. Es geht um Alltägliches, Besonderes, Fantasie, Skandale, Genuss, Weltwunder – und natürlich um einen Schatz. Einen der größten Schätze hier bei uns und zugleich die Quelle des Buches: den Wein. Wie er zu dem wird, was wir lieben: Geschmack, Geruch und Farbe. Das passiert über der Erde und eben auch in den Unterwelten: den Schatzkammern, Labyrinthen und Kreuzgewölben.

Der zweite, sehr viel umfänglichere Teil des Buches spannt den Bogen zum Hier und Jetzt der Unterwelten. Die eindringlichen Fotos von Hermann Heibel ziehen nicht nur in den Bann verstaubter Flaschen und düsterer Gemäuer, sondern die Leser zugleich auch in diese anderen Welten hinein.

Die kleine Zusammenstellung von Kellern und Gewölben, die der Autor im zweiten Teil für uns ausgewählt hat, sind nicht nur lebendige Geschichte, sondern ganz konkret in der Gegenwart verortet – und bringen uns damit wieder zurück ins aktuelle Geschehen.

So stellt das Bild von den geschnitzten Jungfern als Verzierung auf den großen Fässern plötzlich einen Zusammenhang zum Namen von Spitzenlagen im Rheingau her, an denen wir fast täglich vorbeifahren. Oder es wird der Anfang der Geschichte eines Kellers aus dem Jahr 1870 erzählt, der heute für Weinliebhaber eigene Schließfächer zur Lagerung und Reifung ihrer besonderen Kostbarkeiten enthält: mit dem treffenden Namen „wineBANK".

Der Name führt uns wieder zurück in die Realität – war aber nicht der Grund für uns, dieses Buch zu unterstützen. Sondern: Alle Rheingauer Winzer sind zu Recht stolz auf ihre Weinkeller und deren Geschichte(n) – auch wenn der Autor nur eine kleine Auswahl an Einblicken gewähren konnte und wir natürlich wissen, dass es noch vieles zu erzählen gäbe. Als Teil dieser Region – als Bank der Rheingauer – sind wir nicht nur stolz auf die geschriebenen und noch unentdeckten Geschehnisse unseres Rheingaus, sondern auf alle Winzer selbst, weil sie unsere Kultur *über und unter der Erde* prägen.

Auf diese Weise möchten wir Ihnen einen erstmals in dieser Form gewählten Blick in *die Rheingauer Unterwelten* eröffnen und den regelmäßigen Besuch der Website des Rheingauer Weinbauverbandes www.rheingau.com/winzer empfehlen. Es gibt noch so manches mehr in der Region zu entdecken – es lohnt sich!

Ihr Andreas Zeiselmaier
Vorstandsvorsitzender Rheingauer Volksbank

Ihr Winfried Steinmacher
Aufsichtsratsvorsitzender Rheingauer Volksbank

ZUM GELEIT

Guter Wein entsteht im Weinberg. Nicht im Weinkeller. Daran gibt es keinen Zweifel. Das Terroir ist die Grundlage der Weinqualität, und der Weinberg der Geburtsort des Weins.

Die Weinkeller und Weingewölbe zwischen Lorch und Hochheim sind gleichwohl zentrale Stätten der Rheingauer Weinkultur. Sie sind architektonische Spiegel der Geschichte des Weinbaus in der Region. Mauern, Wände und Felsen, die viel zu erzählen haben. Die Idee zu diesem Buch reifte während ungezählter Kellerbesuche und ausgedehnter Kellerproben. Die Kellergeister, die dabei in meinem Kopf geweckt wurden und die nach einer kleinen Kulturgeschichte der Weingewölbe verlangten, wurde ich nicht mehr los. Dieses Buch ist das Ergebnis.

Dabei geht es für den Besucher keineswegs immer über steinerne Treppenstufen nach unten. Felsenkeller führen ebenerdig in den Berg hinein. Schon die Zisterzienser haben im Kisselbachtal ihre Eberbacher Keller über dem Erdboden gebaut, weil der Untergrund zu feucht gewesen wäre. Heute werden „Keller" dank moderner Klimatechnik und aus Gründen der Arbeitseffizienz und der Kosten vielfach oberirdisch errichtet, wie das Beispiel des Weinguts Leitz in Geisenheim zeigt. Romantischer sind gleichwohl die ehrwürdigen, geschichtsträchtigen Tunnel- und Kreuzgewölbekeller, deren Decken und Wände vom „schwarzen Kellertuch" überzogen sind. Hier spukt der Geist des Weines.

UNTER PALÄSTEN UND RATHÄUSERN

Der bislang älteste bekannte Weinkeller ist im Jahr 2013 von Archäologen nahe der antiken israelischen Stadt Tel Kabri unter einem kanaanitischen Palast entdeckt worden. Hier lagerten 40 Tonkrüge mit einem Fassungsvermögen von 2.000 Litern Wein. Gekeltert vor immerhin 3.850 Jahren. Der Wein war damals mit Harz, Honig, Minze und Wacholder versetzt worden, wie Chemiker bei ihren Analysen herausfanden. Dieser „Punsch ist fast so alt wie die Menschheit", so die F.A.Z. über den sensationellen Fund aus der mittleren Bronzezeit.

Deutschlands ältester Weinkeller war um das Jahr 330 nach Christus von Kaiser Konstantin als Erdgeschoss eines großen Lagerhauses (Horrera) in Trier errichtet worden. Er ist heute Teil eines verzweigten Labyrinths aus Kellern und Versorgungsgängen und gehört zur 1796 gegründeten Stiftung Vereinigte Hospitien, die wiederum auf eine Anregung des Weinfreundes Napoleon zurückgeht.

Aus dunklen Kellermauern
Ein süßer Duft weht;
Der Kerl ist zu bedauern,
Der hier vorübergeht.
B. von Ortlieb

Römische Weinkeller (Cella vinaria) sollten nach den im ersten Jahrhundert nach Christus gegebenen Vorgaben des römischen Architekten Vitruvius wegen der Gefahr zu großer Wärme immer nach Norden ausgerichtet werden. Schon den vinophilen Römern war bewusst, dass Dunkelheit, niedrige Temperaturen, Schutz vor üblen Gerüchen und ein möglichst konstantes Raumklima notwendig sind, um Wein sicher zu lagern und vor schädlichen Einflüssen zu bewahren.

In seinem 1923 erschienenen Standardwerk zur Geschichte des Weinbaus schreibt der Pfälzische Weingutsbesitzer und Weinbau-Historiker Friedrich von Bassermann-Jordan im Kapitel über Weinkeller, die Römer hätten teils kolossale Weinmengen zu lagern gehabt. Der Redner Hortensius soll seinen Erben von dem berühmten Chier-Wein mehr als 10.000 Gefäße hinterlassen haben. Überdies berichtet der antike römische Dichter Horaz von Kellern, die 1.000 Amphoren zu fassen vermochten. Und der antike römische Senator Cato riet den römischen Gutsbesitzern, ihre Keller auf die vier- bis fünffache Menge einer Jahresernte auszulegen.

Die Römer sind auch die Erfinder der Kellerheizung, weil manche Winzer in kalten Wintern die Erfahrung machten, dass der Wein mitsamt den Holzfässern eingefroren war.

Die Kunst des Kellerbaus erfuhr durch die Jahrhunderte allerlei Wandlungen. Viele der ältesten deutschen Keller liegen unter Burgruinen. Von besonderer Bedeutung für den Weinhandel aber waren die Ratskeller: wichtige Weinhandelszentren, unter denen der 1405 gebaute Bremer Ratskeller der wohl berühmteste Lagerplatz deutscher Weine ist. Hier reift der älteste Fasswein Deutschlands: ein „Rüdesheimer“ aus dem guten Jahrgang 1653. Er ist das Prunkstück im Apostelkeller mit seinen zwölf Eichenstückfässern, die Rheinweine des 18. Jahrhunderts enthalten. Der Dichter Wilhelm Hauff hat diesem Keller 1827 mit seinen Phantasien im Bremer Ratskeller ein literarisches Denkmal gesetzt und schwärmt vom „unterirdischen Himmelsgewölbe, dem Sitz der Seligkeit, wo die Zwölfe hausen.“

Es ging zuerst durch den großen Keller, dann durch kleinere, bis der Weg in einem engern schmalen Gang zusammenlief. Dumpf tönten unsere Schritte in diesem Hohlweg, und unsere Atemzüge tönten, wenn sie an den Mauern sich brachen, wie fernes Geflüster. Endlich standen wir vor einer Thüre, die Schlüssel rasselten, sie gähnte ächzend auf, der Schein der Lichter fiel in das Gewölbe, mir gegenüber saß Freund Bacchus auf einem mächtigen Weinfaß … Was seid ihr Trauergewölbe und Grüfte alter Königshäuser gegen diese Katakomben!

VON VERBRECHEN UND TRAGÖDIEN

Weingewölbe sind höchst gefährliche Orte. Aber nur in der Phantasiewelt von Schriftstellern und Krimiautoren. Die Zahl der in Weinkellern literarisch verübten Gewalttaten ist kaum mehr überschaubar. Wären sie nur ansatzweise ein Fingerzeig auf die Wirklichkeit, kaum ein Winzer würde sich noch an seine Fässer und Tanks trauen. Ein fiktiver Mord im Weinkeller, der den Rheingau bis heute in Verzückung versetzt, wurde ausgerechnet an einem Mönch in Kloster Eberbach verübt. Denn die Keller des 1136 gegründeten Zisterzienserklosters Eberbach waren Drehort für die Verfilmung von Umberto Ecos Roman *Der Name der Rose*, und die Filmszene mit einer aufgedunsenen Leiche ist nichts für empfindliche Gemüter. Doch der Hollywood-Film hat den Bekanntheitsgrad des berühmtesten unter den zwölf Rheingauer Klöstern noch einmal gemehrt.

Zu den gruseligsten Weinkeller-Klassikern zählt Edgar Allen Poes schon 1846 veröffentlichte Kurzgeschichte *Das Fass Amontillado*. Poe lässt seinen unbarmherzigen Helden Montrésor erzählten, wie er aus Rache seinen verhassten Widersacher Fortunato mitten während des Karnevals in die Gewölbe unter seinem Palazzo lockte mit der Aussicht auf die Verkostung einer besonders edlen Variante des Sherrys. Das alles in der Absicht, den gierigen Weinliebhaber im hintersten Gewölbe anzuketten und lebendig einzumauern. Statt eines Schlucks Amontillado kam der Tod.

Dann doch lieber zu Thomas Manns unvollendetem Roman *Bekenntnisse des Hochstaplers Felix Krull* gegriffen, in dem der Protagonist charmant von seinen Streifzügen durch die – fiktive – Eltviller Sektkellerei seines Vaters erzählt:

Unten am Rhein, nicht weit von der Landungsbrücke, lagen ihre Kellereien, und nicht selten trieb ich mich als Knabe in den kühlen Gewölben umher, schlenderte gedankenvoll die steinernen Pfade entlang, welche in die Kreuz und Quere zwischen den hohen Gestellen hinführten, und betrachtete das Heer von Flaschen, die dort in halbgeneigter Lage übereinandergeschichtet ruhten. Da liegt ihr, dachte ich bei mir selbst (wenn ich auch meine Gedanken natürlich noch nicht in so treffende Worte zu fassen wusste), da liegt ihr in unterirdischem Dämmerlicht, und in euerem Inneren klärt und bereitet sich still der prickelnde Goldsaft, der so manchen Herzschlag beleben, so manches Augenpaar zu höherem Glanz erwecken soll!
Noch seid ihr kahl und unscheinbar, aber prachtvoll geschmückt werdet ihr eines Tages zur Oberwelt aufsteigen, um bei Festen, auf Hochzeiten, in Sonderkabinetten eure Pfropfen mit übermütigem Knall an die Decke zu schleudern und Rausch, Leichtsinn und Lust unter den Menschen zu verbreiten.

Tatsächlich geht es in den Weinkellern der Region meist friedlich und bisweilen heiter zu. Zur Keller-Wahrheit gehört indes auch, dass Winzer vereinzelt in der Einsamkeit der dunklen Gewölbe der Versuchung erlegen sind, es mit dem strengen Weinrecht nicht allzu genau zu nehmen. Auch das hat eine – ungute – Tradition. Schon im Jahr 1497 wurde eine kaiserliche Anordnung erlassen, um die Weinfälschung durch die Berufung mindestens eines vereidigten Amtmannes als Kontrolleur zu unterbinden. Regelmäßige Kellervisitationen waren fortan nicht mehr wegzudenken, und die Fahndung nach unerlaubten Zusätzen und Verfälschungen des Weins wurde Kelleralltag.

Im kühlen Keller sitz ich hier,
Bei einem Fass voll Reben,
Bin frohen Muts und lasse mir
Vom Allerbeste geben.
Der Küper zieht den Heber voll,
Gehorsam meinem Winke,
Reicht mir das Glas, ich halt's empor,
Und trinke, trinke, trinke.

Karl Friedrich Müchler (1763–1857), 1802

Die größte Erschütterung der modernen Weinwelt machte Mitte der achtziger Jahre Schlagzeilen, als bekannt wurde, dass österreichische Winzer ihre Weine außer mit Zucker zusätzlich noch mit Frostschutzmitteln versetzt hatten. Ein Skandal, der nach Deutschland überschwappte. Und nur wenige Jahre ist es her, dass ein Rheingauer Erzeuger in die Schlagzeilen geriet, weil er einigen Rieslingen unzulässig Weindestillate zugesetzt hatte und es auch sonst nicht so genau mit den Bestimmungen des Weinrechts genommen hatte. Rheinland-Pfalz als größtes weinbautreibendes Bundesland veröffentlicht jährlich die Ergebnisse seiner Weinkontrollen. Regelmäßig werden dann schwerwiegende Verstöße angeprangert, wie die Überschreitung von Grenzwerten oder die unzulässige Behandlung der Weine. Dabei werden die Winzer häufig und intensiv kontrolliert. Auch Hessen hat speziell ausgebildete Weinkontrolleure im Einsatz. Sie wollen vor allem das Kellerbuch sehen, die verpflichtende und hoffentlich lückenlose Dokumentation aller Vorgänge in Keller und Weinberg. Damit für alle Weinfreude uneingeschränkt gilt: Im Wein liegt Wahrheit.

VON HEFEN UND PILZEN

Wein ist kein Naturprodukt. Schließlich wachsen die mit vergorenem Traubensaft gefüllten Flaschen nicht an den Bäumen oder auf dem Feld. Für das Kulturprodukt Wein bedarf es der steuernden Eingriffe der Winzer in Weinberg und Keller. Ohne Pflanzenschutz wäre in den allermeisten Jahren keine Ernte in Weinberg möglich. Im Keller hat der Winzer vor allem einen wichtigen Helfer: Hefe.

Hefepilze fressen den Zucker im Weinmost und wandeln ihn in Alkohol und Kohlendioxid um. So wird Traubenmost zu Wein. Hefen leben unter anderem auf der Oberfläche der Beeren. Lässt der Winzer es zu, vermehrt sich dieses „wilde" Hefegemisch im Most und es kommt zur sogenannten Spontanvergärung. Damit ist auch ein gewisses Risiko verbunden, das viele Winzer durch den Einsatz sogenannter Reinzuchthefen zu minimieren suchen. Diese werden für ihren Einsatz im Weinkeller „reinrassig" gezüchtet und optimiert und sind garantiert frei von unerwünschten Schimmelpilzen und Bakterien.

Die Arbeit der Hefen steuert der Winzer unter anderem über die Temperatur in Tank oder Fass. Ist genügend Alkohol im Wein und der gewünschte Restzuckergehalt erreicht, kühlt der Winzer den Jungwein soweit herunter, dass die Hefen ihre Arbeit einstellen und schließlich entfernt werden können. Ob wilde Hefen oder solche aus dem Labor, das ist vor allem eine Frage der Stilistik und der Überzeugung.

Aber nicht nur Hefen fühlen sich im Keller wohl. Auch ein ganz besonderer Schimmelpilz: Das „Schwarze Kellertuch" (Zasmidium cellare) mag vor allem Weinkeller mit hoher Luftfeuchtigkeit von mindestens 80 Prozent. Sie müssen überdies mit Holzfässern ausstattet sein, denn der Pilz nährt sich von Alkohol (Ethanol) und anderen flüchtigen Bestandteilen des Weins, die durch die Holzfässer diffundieren. Als dicker, fast schwarzer, tuchähnlicher Belag bedeckt der Weinkellerschimmel nicht nur Wände und Decken, sondern auch Flaschen und Gerätschaften im Keller, sofern der Winzer es zulässt. Für Weinromantiker gehört das „Schwarze Kellertuch“ als Ausweis guter Lagerbedingungen dazu. Der Einzug von Edelstahltanks allerdings hat zu einem Rückzug des Pilzes aus den deutschen Weinkellern geführt. Doch in vielen Gewölben ist er noch immer ein gern gesehener Bewohner.

VOM LAGERN UND REIFEN

Gibt es den idealen Keller? Wer mit den Experten des Instituts für Kellerwirtschaft an der Hochschule Geisenheim spricht, erfährt Überraschendes. Denn ein traditionell ins Erdreich gegrabener oder bergmännisch gebohrter Keller ist für die moderne Weinerzeugung überflüssig geworden. Abgesehen von der Weinromantik spricht nichts gegen funktionale, oberirdische, klimatisierte Hallen, in denen sich temperaturgesteuerte Edelstahltanks aneinanderreihen. Zudem lassen sich aus solchen Hallen die gefährlichen Gärgase besser ableiten als aus tiefen Gewölben. Eine Aufgabe, die nicht zu unterschätzen ist. Bei der Vergärung von einem Liter Most entstehen immerhin 50 Liter Kohlensäuregas. Bei 1.000 Litern sind das 50.000 Liter Gas.

Hallen sind somit praktischer als Gewölbe. Und wer Flaschenkartons und etikettierte Flaschen lagern will, meidet ohnehin feuchtkalte Keller, weil Etiketten, Pappe, Papier und Kartons diesen Bedingungen nicht lange standhalten. Anders verhält es nicht mit der Reifung von Wein im traditionellen Holzfass. Der „Anteil der Engel“, also die Verdunstungsrate aus dem Fass heraus, ist geringer, je feuchter der Keller ist. Die hohe Luftfeuchtigkeit erspart dem Winzer das häufige „Beifüllen“ der Fässer.

Die Kellerexperten der Hochschule Geisenheim empfehlen hygienisch einwandfreie Gewölbe. Schließlich ist Wein nicht nur ein Genuss-, sondern auch ein Lebensmittel. Edelstahltanks sind in dieser Hinsicht problem- und anspruchslos. Etwas anders verhält es sich im Holzfasskeller. Dort sollte die Umgebungstemperatur möglichst konstant unter 15 Grad liegen, und die Luftfeuchtigkeit bei mehr als 75 Prozent.

Die allerbesten Tropfen erhielten im Keller schon frühzeitig besondere Plätze: die Schatzkammer. Zu den Vorreitern gehörten die Zisterziensermönche von Kloster Eberbach, die seit dem Jahr 1730 ihre edelsten Weine im Cabinetkeller lagerten. Ausgerechnet 1730! Ein Jahrgang, der in der 1854 erschienenen Rheingauer Geschichts- und Weinchronik als „sehr schlecht und sauer“ charakterisiert ist.

Wie unvergeßlich die Besuche im Keller meines Onkels Burckhardt in Oppenheim, wenn ein alter Küfer erst vorsichtig mit dem Senklämpchen die steile Steintreppe hinaus voranschritt, so wie ein Bergmann in früher Zeit in seinen erzfunkelnden Schacht eingestiegen sein mag.

Carl Zuckmayer (1896–1977)

Das Vorbild Eberbachs war vermutlich Schloss Vollrads, dessen Cabinetkeller schon 1716 aktenkundig ist. Den Weinen stand dort eine lange Lagerzeit bevor. Der Historiker Jörg W. Busch ermittelte bis 1782 eine mittlere Lagerzeit der meisten „Cabinetweine" bis zum Verkauf von fast zwölf Jahren. Manche blieben sogar doppelt so lange im Keller. Ein Stückfass kostete nach bis zu zehn Jahren Lagerzeit durchschnittlich 578 Gulden. Direkt nach der Ernte nur etwa die Hälfte. „Ein guter Wein musste 8 bis 10 Jahre alt sein, bis man 300 Gulden dafür bekam", heißt es in der Rheingauer Weinchronik. Die Preise schwankten von Jahrgang zu Jahrgang allerdings beträchtlich, je nachdem wie sich der Wein entwickelte. Auch Schloss Johannisberg pflegte in seiner phänomenalen Schatzkammer schon früh die Tradition der Cabinet-Weine, die zum Schwärmen Anlass boten. Geben wir Wilhelm Grimm das Wort:

Einen schönen Nachmittag haben wir auf der Altane des Schlosses gesessen. Ich glaube ruhiger und vergnügter als der Fürst Metternich selbst, bei einer Flasche seines Cabinettweines, der zwar mit Gold bezahlt werden muss, gegen den aber auch alle andre Wein nur eine Art gutartiger Essig ist.

Die Gärung ist das Fegefeuer, aus dem die Seele des Weines geläutert hervortritt.

Das Taschenbuch vom Wein, 1967

Genügen gute klimatische Bedingungen und Dunkelheit zur perfekten Reife? Nicht jeder Winzer ist dieser Ansicht. Es gibt Keller, deren Fässer und Tanks mit gregorianischen Chorälen, klassischer Musik oder auch nur mit Geräuschen aus der Natur wie Vogelzwitschern und Wasserrauschen beschallt werden. Die Klang- und bisweilen sogar Lichttherapie soll vor allem den Hefen gefallen, weniger dem Wein selbst. Doch soweit gehen nur wenige Winzer.

Wie aber mag sich so eine Flasche Wein im Keller fühlen? Der Schriftsteller und Satiriker Wiglaf Droste lässt in seiner köstlichen Kurzgeschichte *Ein kleiner Tischwein* seinen originellen Protagonisten verlauten:

Ich lag im Keller. Es war dunkel, es war kühl, es war angenehm. Zusammen mit ein paar tausend anderen hatte man mich erzeugt, abgefüllt und zwischengelagert. Erst dann hatte man uns zur letzten Station unserer Reise gebracht, und dort eingekellert. Wir waren nicht auf Rosen gebettet und lagen auch nicht auf Heu und auf Stroh, eher ein bisschen hart, aber im Regal war es sauber und gepflegt, und, wie es mein etwas trockener Nachbar immer sagte: Wir sind schließlich nicht aus Zucker. Ich war in weitgehend guter Gesellschaft und fühlte mich wohl. Freunde und Blutsverwandte lagen hier, viele kamen aus demselben Fass. Wein ist dicker als Wasser.

VON FÄSSERN UND TANKS

Das traditionelle Standardmaß in den Rheingauer Gewölben ist das Stückfass mit einem Fassungsvermögen von 1.200 Litern. Es war über Jahrhunderte das beherrschende Gebinde im Keller. Seit wenigen Jahren nimmt ihre Zahl wieder zu, weil die Winzer erkannt haben, dass gut gepflegte Holzfässer vor allem Spitzenweinen Struktur und Komplexität verleihen können. Ausgehend vom „Stückfass" als Standard sind auch „Doppelstückfässer" mit 2.400 Litern und Halbstückfässer mit nur 600 Litern Fassungsvermögen weit verbreitet. Deutlich seltener sind Fuderfässer zu finden, die 960 Liter fassen, was wiederum sechs Ohm (jeweils 160 Litern) entspricht. Ein guter Keller weist einen Mix an Fässern auf, um für alle Eventualitäten der Ernte gewappnet zu sein.

Das größte seiner Art ist das Dürkheimer Riesenfass in der Pfalz und fasst 1,7 Millionen Liter. Das Große Fass des Heidelberger Schlosses ist mit 221.000 Litern dagegen kleiner als der große, noch immer genutzte Weintank „Nummer 0001" in den Eltviller Gewölben von Matheus Müller, der 286.150 Liter aufzunehmen vermag.

Nicht erhalten geblieben ist leider das Kloster Eberbacher Riesenfass, dass zu seiner Entstehungszeit als eine Art Weltwunder galt. Der Dichter Vincentius Opsopoeus schrieb anfangs des 16. Jahrhunderts: „Ist nicht auch Eberbachs Faß den Wundern der Alten vergleichbar? Denn ein größ'res besitzt unser Planet nimmermehr."

Dieses „Große Fass" war in den Jahren nach 1485 gebaut und zum Heiligen Jahr 1500 erstmals gefüllt worden. Sein Fassungsvermögen soll fast 72.000 Liter erreicht haben. Es stand im Konventskeller, dem heutigen Cabinet-Keller des Klosters. Ein Fass, das Ausdruck des Selbstbewusstseins von Eberbach als europäischem Weinerzeuger von Rang war. Leider wurde es ein Opfer der Bauernkriege in den Jahren 1525/26. Die Aufständischen haben es weitgehend geleert. Danach verfiel es und wurde nicht wieder aufgebaut.

Seit rund vier Jahrzehnten wird die Phalanx der Traditionsfässer im Keller ergänzt durch kleine Eichenholzfässer mit 225, 300 oder 500 Litern Fassungsvermögen. Anders als ihre großen Brüder sollen diese Fässer aber nur wenige Jahre im Keller bleiben und auf die Weine die Geschmacksnoten des Holzes übertragen. Es sind nur in Ausnahmefällen Rieslinge, die in solchen Gebinden reifen, sondern fast immer Weine aus der Burgunderfamilie, vom Spätburgunder über Weiß- und Grauburgunder bis zum Auxerrois und Chardonnay. Holz und Stahl sind aber längst nicht alles. Es gibt Tanks und Gefäße in vielen Formen und aus vielen Materialien wie Ton, Beton, Kunststoff und Granit. Ihre Verwendung entspringt der Experimentierfreude und ist Ausdruck der Stilistik und Philosophie der Winzer. Am Ende entscheidet die Qualität im Glas.

Oliver Bock

Oliver Bock
Eltville im Rheingau
im April 2020

Keller sind keine Katakomben. Sie sind, wenn richtig gebaut und richtig behandelt, Klöster, darin die Flasche nachsinnt über Freuden, die sie bringen soll, nicht über die Vergänglichkeit alles Irdischen.

George Meredith (1828–1909), Der Egoist

160
161

KLEINE KELLER-ETIKETTE

Die Winzer sind stolz auf ihre Keller. Viele Weinproben beziehen deshalb eine Besichtigung der stimmungsvollen Weingewölbe ein. Und je nach Jahreszeit darf bisweilen direkt aus Fass oder Tank ein Schluck probiert werden. Gepflegte Weinromantik, die zum Weinkauf anregen soll. Fast alle in diesem Buch porträtierten Keller können auch besichtigt werden. Allerdings war und ist das Verhalten der Besucher nicht immer so, wie Sitte und Anstand es erfordern. Das führte im 18. Jahrhundert zum *Kellerrecht*: Fast immer sind es freundliche Verse, mit denen vom Besucher ein ordentliches Benehmen eingefordert wird.

Wer diesen Keller will besuchen,
der bleib hier an der Tafel stehen
und les zur Andacht und ganz still,
was 's Kellerrecht hier sagen will:
Das Lärmen, Zanken, Zotenreissen,
Mit groben Worten um sich schmeissen,
Das Rauchen, Schreiben an den Wänden,
Das Klopfen an das Fass mit Händen,
Fürwitz und and're Unbegier
Geziemen sich durchaus nicht hier!

Verstöße gegen diese Regeln wurden geahndet. Bruno Götz schreibt in seinem *Mosaik zur Weingeschichte,* wie im Weinkeller jeder ertappte Übeltäter „ungeachtet seines Standes, Ansehens, Alters oder Geschlechtes über ein Fass oder einen greifbaren Schemel gelegt wurden, um dann eine bestimmte Anzahl von Streichen auf jenen Körperteil zu erhalten."

Drei Schläge durch den Küfer oder Kellermeister seien durchaus üblich gewesen. Im Rosengartenmuseum in Konstanz ist ein eigens dafür vorgesehenes Straffass aus dem Jahr 1767 zu sehen, das ursprünglich in einem Weinkeller der Insel Reichenau gestanden haben soll. Als unschicklich gilt bis heute das Klopfen an die Fässer und Tanks, aber auch lautes Fluchen, Rauchen und Schreiben an die Wände.

Auf Schloss Johannisberg ist diese eindringliche Mahnung am Übergang in die Schatzkammer zu lesen und zu beherzigen:

Wer diesen Keller will besehen
Soll ehrbarlich durch solchen gehen.
Wein und Faß sind Küfers Kinder
Das Schrein und Klopfen stört sie sehr
Für sie ist Ruhe viel gesünder
Beachtet, bitte, diese Lehr!

RHEINGAUER UNTERWELTEN

ALLENDORF / WINKEL

„DIE EIGENHEITEN DER WEINLAGEN STÄRKEN“

Kellerstufen: 21
Erbaut: 1964
Temperatur: 13–16 °C
Luftfeuchtigkeit: 60–70 %
Kapazität: 140.000 Liter in Tanks und Fässern
Ältester Schatzkammerwein: 1919er Winkeler Gutenberg Riesling Beerenauslese

Besichtigung:
auf Anfrage und bei moderierten Weinproben

NACKTE JUNGFER AUF DEM FASS

Die Tradition geschnitzter Fassböden ist in den deutschen Weinregionen Jahrhunderte alt. Im Winkeler Weingut Allendorf hat der Künstler symbolisch Spitzenlagen auf Holz verewigt.

Manchmal steht eine Aussiedlung nicht am Ende einer Entwicklung, sondern wirkt wie ein Katalysator. Für Familie Allendorf war der Bau des nach dem heiligen Georg benannten Georgshofs nördlich von Winkel im Jahr 1964 erst der Ausgangspunkt für eine rasante Entwicklung. Von damals zehn wurde die Rebfläche auf heute 75 Hektar erweitert. Allendorf zählt damit zu den größten privaten Weingütern des Rheingaus. Jede Generation hat ihren Teil dazu beigetragen, das innovative Weingut zu stärken und weiterzuentwickeln. Längst ist Allendorf als Folge seiner steten Expansion auf mehrere Standorte in Oestrich-Winkel verteilt, doch das hübsche Gewölbe unter dem Georgshof wird unverändert gut genutzt. Es dient als Gär- und Lagerkeller mit einer großen Phalanx an Edelstahltanks und einer Sammlung gepflegter Holzfässer. Aus der einzigartigen, 2003 in der alten Halle für Flaschenlage und Füllanlage eingerichteten Wein.Erlebnis.Welt führt ein erst 1971 gegrabener Gang an der reich bestückten Schatzkammer vorbei direkt in den stimmungsvollen Keller, der bisweilen auch für Veranstaltungen genutzt wird. Sehenswert sind die geschnitzten Fassböden einiger Holzfässer, die unter anderem die Spitzenlagen des Weinguts wie die – nackte – Hallgartener Jungfer symbolisieren oder von Sprüchen geziert werden, beispielsweise von der Goethe zugeschriebenen und bis heute gültigen Erkenntnis: „Das Leben ist zu kurz, um schlechten Wein zu trinken."

Weingut Fritz Allendorf – Georgshof
Kirchstraße 69
65375 Oestrich-Winkel
www.allendorf.de

Im Keller unter dem „Georgshof" finden regelmäßig Weinverkostungen und Weinproben statt. Dann darf bisweilen direkt aus dem Fass probiert werden.

In den gut gesicherten Schatzkammern der Rheingauer Weingüter lagern die besonders raren und guten Tropfen. Bei Allendorf stammt der älteste Wein aus dem Jahr 1919.

AUGUST KESSELER / ASSMANNSHAUSEN

„BESTÄNDIGKEIT“

Kellerstufen: 20
Erbaut: 1792
Temperatur: 12 °C
Luftfeuchtigkeit: 85 %
Größe: knapp 2.000 m² auf zwei Ebenen
Ältester Schatzkammerwein: 1924 Assmannshäuser Spätburgunder

Besichtigung:
auf Anfrage und bei geführten Kellerproben

ASSMANNSHÄUSER LABYRINTH

Auf kaum einen Rheingauer Weinkeller passt der Begriff „Unterwelten" so gut wie auf das imposante Gewölbe von August Kesseler in Assmannshausen. Die Zahl der Gänge, Gewölbe und Stollen erscheint bei einem ersten Besuch verwirrend wie das Durchschreiten eines komplexen Labyrinths. Kaum vorstellbar, unter welchen Mühen und mit welcher Präzision im 18. Jahrhundert dieses Gewölbe über zwei Etagen in den harten Fels getrieben worden ist. Bekannt ist, dass hier einst Weingut Lorenzhof der Kaufmannsfamilie Mostert residierte, ehe der Rüdesheimer Bauunternehmer Valentin Schlotter in den fünfziger Jahren des vorigen Jahrhunderts dort ein Domizil für sein Weingut fand. 1983 übernahm August Kesseler das Ensemble. Zunächst als Pächter, zwei Jahre später als Eigentümer. Seither hat das heute 33 Hektar große Weingut August Kesseler seinen perfekten Sitz gefunden. Dessen Konzentration gilt dem Spätburgunder – der für den Rheingau ungewöhnliche 40 Prozent der Produktion ausmacht – und dem Riesling. Die besten Tropfen stammen aus den steilen Lagen von Lorchhausen, Lorch, Assmannshausen und Rüdesheim. Kessler zählt seit vielen Jahren zu den herausragenden Erzeugern des Rheingaus. Ihn zeichnen eine außergewöhnliche Beständigkeit und ein konsequentes, ja kompromissloses Qualitätsstreben aus.

Diese Pforte führt in einen der größten und eindrucksvollsten Felsenkeller des Rheingaus, vollendet im Jahr 1792.

Weingut August Kessler
Lorcher Straße 16
65385 Rüdesheim-Assmannshausen
www.august-kesseler.de

Nur die besten Partien aus dem „Assmannshäuser Höllenberg“ werden nach der Reife im Fass unter dem Namen dieser Spitzenlage vermarktet.

In diesen Barriquefässern reifen bei idealen klimatischen Bedingungen Rotweine aus besten Rüdesheimer, Lorcher und Assmannshäuser Weinlagen.

Die Gewölbe von August Kesseler erstrecken sich über zwei Etagen. Die hohe Luftfeuchtigkeit lässt jedes Flaschenetikett schnell verschimmeln.

BALTHASAR RESS

BALTHASAR RESS / HATTENHEIM

„FEIN SEI DER WEIN“

Kellerstufen: 18
Erbaut: 16. Jahrhundert, bis 1922 mehrfach erweitert
Temperatur: 16 °C
Luftfeuchtigkeit: 60–70 %
Größe: 4 Gewölbe
Ältester Schatzkammerwein: 1947 „Von Unserm“ Riesling natur

Besichtigung: auf Anfrage oder als Gast beim regelmäßigen Winebanker’s Table

WINEBANK IM KREUZGEWÖLBE

Die ältesten Teile des Kellergewölbes stammen aus dem 15. Jahrhundert. Sie wurden sukzessive erweitert zu einem weitläufigen, sehr stimmungsvollen Keller.

Diese Kellergeschichte beginnt 1870, als der Metzger Balthasar Ress in Hattenheim sein Glück als Gastronom, Hotelier und Winzer zu suchen begann. Das Weingut verdankt seine Entwicklung vor allem einem der Söhne, Carl Ress, der durch Zukäufe den Komplex an der Rheinallee formte. Carl verband den großen, von ihm 1922 errichteten Hauptkeller mit einem alten Hauskeller, der wohl schon im 17. Jahrhundert gegraben worden war. Diese beiden der insgesamt vier Gewölbe unter dem Ress'schen Gutshaus und seinen Nebengebäuden haben 2009 eine im Rheingau außergewöhnliche Nutzung erfahren. Hier richtete Familie Ress eine „Winebank" ein, in der Wein-Enthusiasten ein Schließfach für die Lagerung und Reifung ausgesuchter Schätze mieten können. Diese Nutzung wurde möglich, weil Ress schon 1993 die Gelegenheit beim Schopfe gepackt und die ehemalige Hattenheimer Winzergenossenschaft erworben hatte, um die Produktion vollständig dorthin zu verlagern. Geblieben am alten Standort in den schönen Gewölben ist die gut bestückte und gepflegte Schatzkammer des großen Familienweingutes. Der stimmungsvolle Keller neben der Winebank wird ebenso wie das stilvoll restaurierten Erdgeschoss des Gutshauses als Veranstaltungsraum genutzt. Die Winebank hat inzwischen auch Franchise-Standorte in Basel, Frankfurt, Hamburg, Köln und Wien. Sie ist mehr als nur eine Ansammlung von Schließfächern, sondern zugleich Bar, Treffpunkt, Ausschank und ein Club der besonderen Art für Weingenießer aus aller Welt. Zwei Kellerwände in Hattenheim dienen neuerdings als Reifelager für Großflaschen des Weinguts mit einem Fassungsvermögen von sechs oder zwölf Litern. Letzteres Behältnis heißt „Balthazar" und hat daher für das Weingut Balthasar Ress eine besondere, emotionale Bedeutung. Und Weine in großen Flaschen reifen besonders gut.

Weingut Balthasar Ress
Rheinallee 7
65347 Eltville-Hattenheim
www.balthasar-ress.de

In der „Winebank" kann jeder Weinfreund ein Fach mieten, um seine besten Flaschen zu lagern und sie bei passender Gelegenheit mit Freunden zu genießen.

Die Winebank ist nicht nur schickes Weinlager, sondern zugleich Weinclub der besonderen Art. Ein stimmungsvoller Treffpunkt für Wein-Enthusiasten.

Bardong

BARDONG / GEISENHEIM

„DEN WEINCHARAKTER IM SEKT BEWAHREN"

Kellerstufen: 43
Erbaut: um 1888
Temperatur: 11–13 °C
Luftfeuchtigkeit: 60–90 %
Größe: sechs Gewölbe auf zwei Etagen mit 2.000 m²
Ältester Schatzkammersekt: 1985 Winkeler Jesuitengarten brut
Besichtigung: Nach Vereinbarung und in Verbindung mit Sektproben sowie zu den Öffnungszeiten während der Schlemmerwoche

PATERNOSTER FÜR FLASCHEN

Es gibt nur wenige Gewölbe im Rheingau, die ausschließlich für prickelnde Momente erbaut wurden. Die sechs Stollen auf zwei Etagen unter der Sektkellerei Bardong gehören dazu. Erbauen ließ sie in den Jahren um 1888 der Frankfurter Weinhändler und Konsul Siegfried Löwenthal-Rheinberg für seine 1880 gegründete Champagnerfabrik. Mit ihr wollte er zum Hoflieferanten der preußischen Könige aufsteigen. Entsprechend großzügig wurde der Keller angelegt. Schließlich galt es Platz für zehn oder mehr Jahrgänge zu schaffen. Ein Visionär, der seine Ziele erreicht hat, auch wenn er schon 1881 verstarb. „Schloss Rheinberg"-Sekte wurden an europäische Fürstenhäuser geliefert. Das Ende kam 1933, die Marke übernahm Söhnlein. Heute ist Schloss Rheinberg eine Billigmarke von Henkell Freixenet. Ende der 1930er Jahre übernahm dann Heinrich Waldeck aus Eltville das imposante Ensemble und machte es bis 1973 zur Heimat der „Schloss Waldeck"-Sekte. Eine technische Kuriosität ist ein bis in die fünfziger Jahre genutzter Flaschenpaternoster, mit dem Sektflaschen aus den Tiefen der Gewölbe kopfüber nach oben befördert wurden, um dort degorgiert und verkaufsfertig gemacht zu werden. 1979 kauften die Brüder Grimm das Anwesen für ihr Weingut, und seit 1984 ist als Untermieter die Sektkellerei Bardong mit dabei. In den 2.000 Quadratmeter großen Gewölben reifen fast 200.000 Flaschen veredelten Weines zu Sekt heran. Schaumweine, die den Vergleich mit Champagner nicht scheuen müssen und den Qualitätsgedanken der Kellergründung fortführen.

Sektkellerei Bardong
Bahnstraße 7
65366 Geisenheim
www.bardong.de

Bei Bardong dürfen die Sekte weit über die gesetzliche Mindestzeit hinaus lagern, um zur Perfektion zu reifen. Rund 200.000 Flaschen wollen sorgsam gepflegt werden.

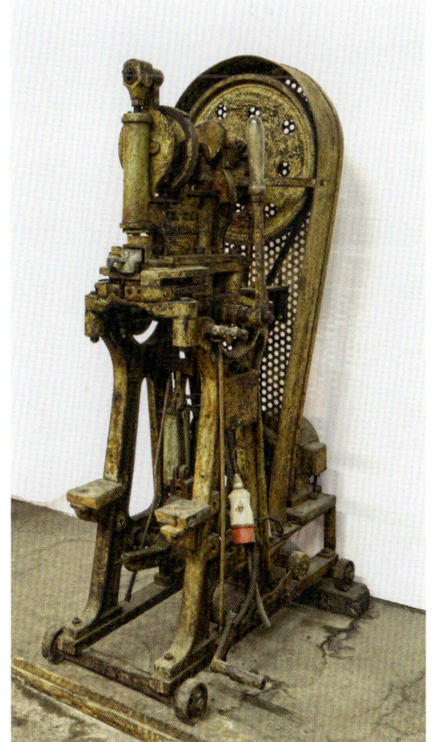

Erinnerungsstücke: Der alte Paternosteraufzug für Sektflaschen, die aus den Tiefen des Gewölbes zum Degorgieren nach oben fuhren, ist ein Unikat im Rheingau.

„KONTROLLIERTES NICHTSTUN, UND DAS RICHTIGE TUN ZUM RICHTIGEN ZEITPUNKT"

Kellerstufen: 6
Erbaut: um 1700
Temperatur: 9–15 °C
Luftfeuchtigkeit: ca. 70 %
Gewölbelänge: 30 Meter
Ältester Schatzkammerwein: 1989 Riesling Auslese

Besichtigung: zu den Öffnungszeiten der Vinothek, mit Ausnahme während der Weinlese

Am Ende des Gewölbekellers, auf dem einst das Eibinger Hildegard-Kloster stand, plätschert die stimmungsvoll beleuchtete Hildegardisquelle.

WO DIE HILDEGARDIS-QUELLE PLÄTSCHERT

Das Bischöfliche Weingut fußt auf der Tradition der Rheingauer Pfarrweingüter und erinnert an die Zeit, als viele Priester zugleich auch Winzer waren.

Dieses Gewölbe mit seinen mächtigen Mauern verströmt pure Rheingauer Geschichte. Kein Wunder, denn seine Entstehung geht auf die Gründungszeit des Kloster Eibingen durch die heilige Hildegard von Bingen zurück. Dass die Nonnen auch Wein erzeugt haben, steht unter Historikern außer Frage, auch wenn die Details im Dunkel der Geschichte liegen. Mit diesen Wurzeln zählt das Weingut dennoch zu den ältesten des Rheingaus. Der moderne Betrieb selbst entstand erst 1985 nach der Zusammenführung der traditionsreichen Pfarrweingüter Rüdesheim und Eibingen. Damit sollten die Pfarrer wieder mehr Zeit für die Seelsorge gewinnen, hieß es damals. Womöglich widmete sich der eine oder andere Pfarrer intensiver der Güte der Trauben als dem Seelenheil. Wie auch immer. Seit 1996 firmiert der Erzeuger als Bischöfliches Weingut. Eine Besonderheit ist der Brunnen am Ende des fast 20 Meter breiten Gewölbes. Hier ist die aus dem Berg sprudelnde Hildegardisquelle gefasst, und wenn Gäste kommen, verleiht der beleuchtete und plätschernde Brunnen dem Keller ein Alleinstellungsmerkmal. Der Jugend des Weingutes ist geschuldet, dass es keine Schatzkammer mit raren Preziosen früherer Jahrhunderte gibt. Die aktuellen Kollektionen aus dem stimmungsvollen Keller treffen hingegen auf ein enthusiastisches Lob der Weinkritik. Und es wird gemunkelt, auch der Bischof sei mit der Qualität „seines" Weinguts hochzufrieden.

Bischöfliches Weingut
Marienthaler Straße 3
65385 Rüdesheim-Eibingen
www.bischoefliches-weingut.de

CARL EHRHARD / RÜDESHEIM

„AUTHENTISCHE TROPFEN IN RUHE ZU WEIN WERDEN LASSEN“

Kellerstufen: 16
Erbaut: um 1860
Temperatur: 12–15 °C
Luftfeuchtigkeit: 60–70 %
Ältester Schatzkammerwein: 1985 Riesling Auslese

Besichtigung: zu den Öffnungszeiten der Vinothek

CARL EHRHARD / RÜDESHEIM

SLOW WINE AUS ÜBERZEUGUNG

Dem Wein viel Zeit zur Reifung zu geben, das ist das Credo im Rüdesheimer Weingut Carl Ehrhard.

Es ist eine enge, eiserne Wendeltreppe, die von der Vinothek in den verwinkelten Keller führt. 16 Stufen hinab in eine Welt der Langsamkeit. Die Rieslinge aus besten Parzellen des berühmten Rüdesheimer Bergs dürfen hier ohne Hast zur Perfektion reifen. Hektik ist dem Weingut Carl Ehrhard ein Gräuel. Der schöne Keller mit seinen guten klimatischen Bedingungen ist erst seit den 1970er Jahren Sitz des Weinguts. Das Ensemble an der Geisenheimer Straße diente ursprünglich der Rüdesheimer Weinkellerei Keutner als Standort. Nach dem Zweiten Weltkrieg hatte die Rüdesheimer Winzergenossenschaft hier ihren Sitz, ehe Familie Ehrhard 1967 die Gelegenheit ergriff und das Anwesen erwarb. Der aus drei Abteilungen bestehende Keller ist inzwischen ein Refugium für durchgegorene, langlebige Weine. „Wenn die Frucht geht, dann kommt der Wein", ist eine wichtige Devise in den Ehrhard-Katakomben. Hier entstehen „Slow-Weine", von denen die hochwertigen trockenen Rieslinge unter dem Namen „Urstück" vermarktet werden. Urig ist in jedem Fall auch der von Holzfässern dominierte Keller, in den jeder Neugierige gerne einen Blick werfen darf, der das Weingut zu den Öffnungszeiten der Vinothek besucht. Von dort führt die Treppe direkt in die Unterwelt.

Weingut Carl Ehrhard
Geisenheimer Straße 3
65385 Rüdesheim
www.weingut-carlehrhard.de

Dieser Keller stammt aus der zweiten Hälfte des 19. Jahrhunderts. Die besten Weine werden seit jeher im Holzfass ausgebaut.

DIEFENHARDT / MARTINSTHAL

„DEN WEINBERG SCHMECKEN"

Kellerstufen: 17
Erbaut: 17. Jahrhundert, mehrfach erweitert, zuletzt 1971
Temperatur: 12 °C
Luftfeuchtigkeit: bis 100 %
Ältester Schatzkammerwein: 1921 Rothenberg Riesling Edelbeerenauslese

Besichtigung: auf Anfrage und bei Schlenderweinproben

EIN KALTER UND FEUCHTER SCHATZ

Die Edelstahltanks bewahren die Frische und Frucht des Rieslings und sind Ausdruck moderner Kellerphilosophie.

Auf den Adel folgte das Bürgertum. Jakob Diefenhardt war es, der 1917 und damit mitten im Ersten Weltkrieg die Chance beim Schopf packte und das Martinsthaler Weingut des Barons von Reichenau erwarb. 1910 zählte Jakob Diefenhardt zu den Gründungsmitgliedern, die in Trier den „Verband Deutscher Naturwein-Versteigerer" aus der Taufe hoben. Heute sind das die deutschen Prädikatsweingüter (VDP). Diese gut organisierte Speerspitze des deutschen Weinbaus hat im Weingut Diefenhardt somit ein Mitglied der ersten Stunde. Die sukzessive erweiterte Kellerwelt unter dem Gutshaus an der Hauptstraße besteht aus sechs miteinander verbundenen Gewölben mit drei Treppenaufgängen. Sie stammt nach Expertenmeinung in ihren Ursprüngen aus dem 17. Jahrhundert. Die genaue Entstehungsgeschichte ist – wie bei vielen Gewölben dieser Epoche – nicht überliefert. Für die Nachfahren der Diefenhardts, die Familie Seyffardt, ist der Keller mit seinen niedrigen Temperaturen und seiner hohen Luftfeuchtigkeit ein Schatz, bietet er doch ideale Bedingungen für Weinausbau und Lagerung. Wer ältere Diefenhardt-Weine verkostet, der findet bestätigt, dass der Keller das Reifepotenzial der ausbalancierten Weine stärkt. Der Rotwein reift in kleinen Barriques, und dem Riesling gibt der Edelstahl Finesse. Neuerdings ziehen auch wieder große, moderne Stückfässer in den Keller ein, um den Großen Gewächsen zu Struktur und Komplexität zu verhelfen.

Weingut Diefenhardt
Hauptstraße 9-11
65344 Eltville-Martinsthal
www.diefenhardt.com

Dieses prachtvolle Gewölbe stammt in seinem ältesten Teil aus dem 17. Jahrhundert und wurde von den nachfolgenden Besitzern sukzessive erweitert.

Spaet-
burgunder
Kleb-
rot
Clev-
ner
Pinot
Noir
Schwarzer

DOMÄNE ASSMANNSHAUSEN DER HESSISCHEN STAATSWEINGÜTER / ASSMANNSHAUSEN

„DEM SPÄTBURGUNDER IN IDEALER UMGEBUNG GERADLINIGE KLARHEIT UND ELEGANZ VERLEIHEN“

Kellerstufen: 22
Erbaut: 1924
Temperatur: 16 °C
Luftfeuchtigkeit: 83 %
Kapazität: 275 Fässer und Tanks für 380.000 Liter Wein
Ältester Schatzkammerwein: 1893 Assmannshäuser Höllenberg

Besichtigung: anlässlich der Tage des offenen Rotweinkellers an einem Wochenende im November

SPEZIALISIERT AUF FEINSTEN ROTWEIN

Holzfässer soweit das Auge reicht. Die Domäne Assmannshausen der Hessischen Staatsweingüter zählt zu den herausragenden Erzeugern von deutschem Spätburgunder.

Die Preußen ließen sich nicht lumpen, wenn es um ihren Wein ging. Ihre ehrgeizige Vision war es, den deutschen Wein fest an der Weltspitze zu etablieren. Die logische Konsequenz waren kräftige Investitionen in die preußischen Domänen. Zwischen Aulhausen und Assmannshausen, seit jeher berühmt für seinen Rotwein, wurde 1924 am Fuß des berühmten „Höllenbergs" ein neues Weingut aus dem Boden gestampft. Unter den damals modernsten Gesichtspunkten wurde in ein mustergültiges Weingut investiert, das von Anfang an auf Rotwein spezialisiert war und über die zu dieser Zeit fortschrittlichste Technik verfügte, beispielsweise eine Kellerheizung zur Förderung der Gärung. Heute beherbergt die Domäne den einzigen reinrassigen Rotweinkeller des Rheingaus. Dieser ist ein Reifekeller, in dem der rote Burgunder in traditionellen, 600, 1.200 oder 2.400 Liter fassenden Holzfässern über die Dauer von bis zu 24 Monaten seiner Flaschenreife entgegensieht. Die Selbständigkeit unter den Preußen ging unter den Hessen verloren. Heute ist die Domäne ein Standort der Hessischen Staatsweingüter und Vergärung, Abfüllung, Vermarktung und Vertrieb sind im Kloster Eberbach und am Steinberg konzentriert. Seinem besonderen Flair hat das aber nicht geschadet. Das Herz des urkundlich schon ab dem Jahr 1108 erwähnten „Höllenbergs" schlägt vor allem in diesem Keller. Wer zwischen den Fässern wandelt und lauscht, kann es schlagen hören.

Domäne Assmannshausen
Höllenbergstraße 10
65385 Rüdesheim-Assmannshausen
www.kloster-eberbach.de

Auch in der Domäne Assmannshausen wurde die schöne Tradition gepflegt, zu besonderen Anlässen Fassböden von einem Holzschnitzer verzieren zu lassen.

Hier reift der Assmannshäuser Höllenberg, der es in guten Jahren mit den besten Gewächsen aus dem Burgund aufzunehmen vermag. Das Reifepotenzial ist erstaunlich.

DOMÄNE STEINBERG DER HESSISCHEN STAATSWEINGÜTER / HATTENHEIM

„KONSEQUENT SCHONENDE VERARBEITUNG DER TRAUBEN FÜR MAXIMALE QUALITÄT“

Kellerstufen: 70
Erbaut: 2008
Temperatur: 16 °C
Luftfeuchtigkeit: 75–80 % (im Holzfasskeller)
Größe: 4.800 qm²
Kapazität: 370 Tanks und Fässer für 2 Millionen Liter Wein

Besichtigung: regelmäßige Führungen mit Verkostung

KATHEDRALE FÜR DEN RIESLING

Es war eine Art Glaubenskrieg, der Mitte der 2000er Jahre um den geplanten unterirdischen Keller der Staatsweingüter am Steinberg unweit von Kloster Eberbach tobte und den Rheingau zeitweise in zwei Lager spaltete. Inzwischen sind 5.000 neue Rebstöcke über dem 80 mal 60 Meter großen Loch gewachsen. Der Keller erstreckt sich über drei Etagen bis in 14 Metern Tiefe. Es ist eine Produktionsstätte auf dem neuesten Stand der Technik, der für die möglichst schonende Traubenverarbeitung vor allem die natürliche Schwerkraft nutzt. 1,5 Millionen Flaschen Wein können hier lagern, fast zwei Millionen Liter Rebensaft in Edelstahltanks und Holzfässern reifen. Den Steinbergkeller, architektonisch inspiriert vom Bau des Südtiroler Weinguts Manincor, durchläuft der größte Teil der jährlichen Weinproduktion von 1,8 Millionen Litern Wein. Der Steinbergkeller gibt den Hessischen Staatsweingütern die notwendige Schlagkraft, auf die Herausforderungen des Klimawandels angemessen reagieren zu können. Hier werden inzwischen alle Weine der einst selbständigen Domänen gekeltert, auch die roten Trauben aus Assmannshausen. Weißweine dominieren allerdings deutlich: „Kathedrale für den Riesling“, hieß es im Jahr 2008 zur Eröffnung. Das gilt bis heute.

Domäne Steinberg
Kloster-Eberbacher-Straße
65346 Eltville
www.kloster-eberbach.de

Im Holzfasskeller der Hessischen Staatsweingüter reifen vor allem Rotweine. Kontrolliertes Nichtstun ist die Devise der Kellermeister.

Die Phalanx der Edelstahltanks unter dem Steinberg ist beeindruckend. Deutschlands größtes Weingut verarbeitet die Trauben von rund 250 Hektar Rebfläche.

F. B. SCHÖNLEBER / MITTELHEIM

„SO MINIMALISTISCH WIE MÖGLICH DIE REINHEIT DES RIESLING HERAUSARBEITEN“

Kellerstufen: 18
Erbaut: um 1750
Temperatur: 12–16 °C
Luftfeuchtigkeit: um 75 %
Größe: zwei Gewölbe
Ältester Schatzkammerwein: 1934er Oestricher Riesling Beerenauslese

Besichtigung: beim Tag der offenen Tür und anlässlich von Schlenderweinproben

KULISSE FÜR WEINROMANTIKER

Ein schöner alter Keller ist nicht immer praktisch. Dieses urige Gewölbe dient vornehmlich für Wein- und Sektproben.

Wie bei so vielen Rheingauer Kellern verlieren sich auch bei diesem Gewölbe die Ursprünge im Dunkel der Geschichte. Belegbar ist, dass Carl Josef Klein 1872 an dieser Stelle ein Kelterhaus errichtete und in der Folge das vorhandene, wohl schon mehr als 100 Jahre zuvor bestehende Gewölbe erweiterte. Bis 1905 soll hier die Winzergenossenschaft Mittelheim residiert haben. Das Ensemble wechselte danach ein weiteres Mal den Besitzer, ehe es 1940 in die Hände der Familie Schönleber kam. Franz Bernhard Schönleber stellte den landwirtschaftlichen Gemischtbetrieb Mitte der sechziger Jahre ganz auf Weinbau um. Das Gewölbe unter der heutigen Vinothek wurde bis zur Jahrtausendwende weinbaulich genutzt, danach noch als Lager für Rohsekt. Heute ist der Keller eines von vier Gewölben, und weil er nicht zu kalt und auch nicht zu feucht ist, wird er gerne für Veranstaltungen sowie Wein- und Sektproben genutzt, denn Schaumwein spielt im Hause Schönleber schon seit vielen Jahren eine herausragende Rolle. Die alten Halbstückfässer mit den geschnitzten Holzböden im Gewölbe, die aus dem Keller eines verwandtschaftlich verbundenen Weinhauses stammen, sind fotogene Kulisse für Weinromantiker.

Wein- und Sektgut F. B. Schönleber
Obere Roppelsgasse 1
65375 Oestrich-Winkel
www.fb-schoenleber.de

Kein Holzfass ist für die Ewigkeit gebaut. Als stimmungsvolle Dekoration und Kerzenständer im Weinkeller erfüllt es aber weiter seinen Zweck.

GEORG BREUER / RÜDESHEIM

„JENSEITS ALLER DOGMEN DIE BESTMÖGLICHEN ENTSCHEIDUNGEN TREFFEN UND SICH AUF DIE EIGENHEITEN DES JAHRGANGS EINLASSEN“

Kellerstufen: 19
Erbaut: 1849
Temperatur: 14–15 °C
Luftfeuchtigkeit: etwa 70 %
Größe: vier Gewölbe mit 1.600 m²
Ältester Schatzkammerwein: 1971er Rüdesheimer Magdalenenkreuz Riesling Spätlese

Besichtigung: zu den Öffnungszeiten der Vinothek

KELLERWELT MIT CHARME

Holzfässer gibt es in vielerlei Formen und Größen. Es liegt in der Hand des Winzers, für den jeweiligen Wein das ideale Fass zu wählen.

Kaum zu glauben, welch gewaltiges Gewölbe sich unter dem Weingut Georg Breuer an der Rüdesheimer Grabenstraße erstreckt. Eine imposante Kellerwelt mit besonderem Charme, die unmittelbar an die alte Rüdesheimer Stadtmauer angrenzt. Das älteste Gewölbe wurde ausweislich eines Schlusssteins in der Decke offenbar schon 1849 fertiggestellt. Bauherr war laut Stadtarchiv ein gewisser Lorenz Harth, der hier offenbar eine Weinkellerei etablierte. Für ihre etliche Jahre spätere Nachfolgerin am Standort, die von Peter Breuer geführte Weinhandelsfirma und Weinkellerei Scholl & Hildebrand, war der eigentlich großzügige Keller schon bald zu klein. Schließlich wurden zu jener Zeit noch mehrere Jahrgänge eingelagert, um dem Wein Zeit zu geben, Trinkreife zu erlangen. Sukzessive wurden deshalb – vermutlich nach 1920 – weitere Stollen gegraben und mit Fässern und großzügig dimensionierten Tankkammern bestückt. In einer Art Wein-Gruft wurden die besten Tropfen eingemauert, um erst Jahre später wieder verkostet zu werden. In den Jahrzehnten nach dem Zweiten Weltkrieg transformierte der Weinhändler Scholl & Hillebrand dann zum Weingut Georg Breuer, das in der Welt des Rieslings einen Ruf wie Donnerhall hat. Der älteste Teil des Kellers ist heute ein stimmungsvoller Veranstaltungsraum mit Fußbodenheizung. Direkt nebenan wird Spitzenwein aus besten Rüdesheimer Lagen erzeugt.

Weingut Georg Breuer
Grabenstraße 8
65385 Rüdesheim
www.georg-breuer.com

Das Weingut Georg Breuer ist bekannt für seine besonders langlebigen Weine, die im Alter ihre wahre Größe zeigen.

Einen Teil des weitläufigen Gewölbes hat das Weingut Breuer in einen stimmungsvollen Veranstaltungskeller verwandelt. Die Schatzkammer ist gut bestückt.

GEORG-MÜLLER-STIFTUNG / HATTENHEIM

„WEINE VOLLER FRISCHE, KLARHEIT, CHARAKTER UND TIEFGANG AUS HOCHWERTIGEM LESEGUT ERZEUGEN“

Kellerstufen: 22
Erbaut: um 1750, erweitert 1883
Temperatur: 12–16 °C
Luftfeuchtigkeit: 70–75 %
Größe: 1.400 m²
Ältester Schatzkammerwein: 1959er Riesling Beerenauslese

Besichtigung: immer zu den Öffnungszeiten des Weinguts

FÜR MEDITATIVE MOMENTE

Ein Blick in die Schatzkammer der Georg-Müller-Stiftung, die einst im Besitz der Stadt Eltville war.

Das ist ein Keller für Genießer, und für stille Momente. Denn in einem der schönsten Gewölbe des Rheingaus reifen nicht nur feine Weine aus besten Hattenheimer Lagen. Zu den vinologischen Kunstwerken in vorwiegend kleinen Eichholzfässern kommen 14 reale Kunstwerke von 14 renommierten Künstlern hinzu. Sie wurden teils eigens für diesen außergewöhnlichen Keller kreiert. Schon das gibt dem 1.400 Quadratmeter großen „Kunstkeller" im Rheingau und darüber hinaus eine sehenswerte Ausnahmestellung. Wann er von wem und in welcher Absicht gegraben wurde, das verliert sich im Dunkel der Geschichte. Zumindest bis 1873, als der Kauf des Areals durch den herzoglich-nassauischen Obergerichtsprokurator und Weinhändler August Wilhelmj bezeugt ist. Er ließ über dem erweiterten Gewölbe ein stattliches Haus errichten. Wilhelmj ließ auch den oberirdischen „Riesenfasskeller" für das 1876 in Auftrag gegebene, 50.000 Liter fassende Fass errichten. Es ist nicht erhalten geblieben. Der oberirdische Riesenfasskeller ist heute ein stimmungsvoller Veranstaltungsraum und zugleich Vorraum für den Abstieg in den Keller. Nach Wilhelmjs Tod 1910 wurde der Besitz laut Gemeinde-Chronik von der preußischen Domäne übernommen. Später erwarb es dann die damals noch selbständige Gemeinde Hattenheim als neues Domizil für das heute privatisierte Stadtweingut Georg-Müller-Stiftung. Das Weingut war schon 1892 vom Miteigentümer der Sektkellerei MM, Georg Müller, gegründet und 1913 der Gemeinde Hattenheim als Stiftung vermacht worden. Seit 2003 gehört es der Familie Winter, die dem Weingut ein „zweites Leben" und dem wunderschönen Keller eine „Nebenrolle“ als Kunstgalerie bescherte. Für Weinromantiker und Kunstfreunde gleichermaßen ein Muss.

Weingut Georg-Müller-Stiftung
Eberbacher Straße 7-9
65347 Eltville-Hattenheim
www.georg-mueller-stiftung.de

Dieser Keller ist zugleich eine bemerkenswerte Kunstgalerie mit Werken, die eigens für dieses außergewöhnliche Ambiente geschaffen wurden.

Das „schwarze Kellertuch“ hat diesen Teil des Kellers fest im Griff. Der Pilz gedeiht nur dort, wo die Lagerbedingungen für Wein außerordentlich gut sind.

Vernou
GEORG MÜLLER

GEORG SOHLBACH / KIEDRICH

„SO NATURNAH WIE MÖGLICH“

Kellerstufen: 22
Erbaut: 16. Jahrhundert, erstmals erwähnt 1583
Temperatur: um 12 °C
Luftfeuchtigkeit: ca. 80 %
Ältester Schatzkammerwein: 1921er Kiedricher Berg Riesling Auslese

Besichtigung: auf Anfrage und bei Kellerproben

SPEKTAKULÄR UND EHRWÜRDIG

Dieses Kreuzgewölbe liegt versteckt in Kiedrich. Ein Besuch anlässlich einer Weinprobe ist auf jeden Fall lohnenswert.

Das Weingut Sohlbach liegt eher unscheinbar an der Oberstraße im gotischen Weindorf Kiedrich. Kaum jemand vermutet spektakuläre Katakomben darunter. Doch diese kleine Kellerwelt ist höchst bemerkenswert. Ein annähernd quadratischer Keller, dessen Mitte vom mächtigen, beeindruckenden Pfeiler eines imposanten Kreuzgewölbes beherrscht wird. Wer und wann diesen Keller gegraben hat, darüber gibt es nur wenige Informationen. Denn Familie Sohlbach kommt erst in der zweiten Hälfte des 19. Jahrhunderts ins Spiel, als der Urgroßvater der heutigen Winzergeneration, Bäckermeister Kaspar Bibo, im Jahr 1872 das Ensemble im historischen Ortskern erwarb. Winzer und Handwerker, das war damals noch eine selbstverständliche Doppelrolle. Über die Vorgeschichte des Gewölbes ist überliefert, dass es einer offenbar äußerst vermögenden Familie Köth gehörte, die nicht nur in Kiedrich, sondern auch noch in anderen Gemeinden des Rheingaus begütert war. Verbliebenes Zeugnis ist heute noch der Köther Hof in Kiedrich. Für Familie Sohlbach ist der Keller ein wahrer Schatz. Heute dominieren in einem der ältesten Kreuzgewölbe der Region gut gepflegte Stückfässer und auch einige Barriques, in denen die Weine des rund zehn Hektar großen Familienweingutes zur Vollendung heranreifen.

Weingut Georg Sohlbach
Oberstraße 15
65399 Kiedrich
www.weingut-sohlbach.de

Der mächtige Pfeiler des Kreuzgewölbes beherrscht den Keller, der von gut gepflegten Holzfässern dominiert wird.

1869 – 1899

HAMM / WINKEL

„ÖKOLOGISCH ÜBERZEUGT DEN WEIN BEGLEITEN"

Kellerstufen: 16
Erbaut: 1869–1899
Temperatur: 12–15 °C
Luftfeuchtigkeit: 70–80 %
Ältester Schatzkammerwein: 1945 Winkeler Hasensprung Riesling

Besichtigung: bei Weinproben und auf Anfrage

ÖKOLOGISCH UNTERM KREUZGEWÖLBE

Einmal im Karree die Kellerwelt unter einem imposanten Gutshaus erkunden, das geht so nur bei Hamm. „1869 – 1899" steht über dem hübschen Torbogen, hinter dem 16 Stufen in einen höchst bemerkenswerten, in verschiedene Ebenen untergliederten Keller führen. Der muss einst für eine größere Kellerei dimensioniert worden sein. Die Keller-Ebenen wie auch die Inschrift am Torbogen sind Beleg für die lange Bauzeit des Kellers. Das Karree wird durch einen engen Tunnelgang vollendet, der gut als Filmkulisse nutzbar wäre. Besonders sehenswert ist das imposante Kreuzgewölbe im Hauptraum des Kellers, wo Weine aus besten Winkeler Lagen vinifiziert werden. Allerdings erst seit 1926, als Weingutsgründer Jacob Hamm, hauptberuflich Gutsverwalter auf Schloss Vollrads, das Haus an der Winkeler Hauptstraße übernahm. Die große, gepflegte Schatzkammer ist ein Beleg dafür, dass bei Hamm der gereifte Riesling einen besonderen Stellenwert genießt. Bemerkenswert ist zudem der hinter einer unscheinbaren Tür versteckte Brunnen, der aus einer Wasserader unter dem Haus gespeist wurde und zugleich das Mikroklima des Kellers beeinflusst. In diesem Keller schlägt das Herz eines der ersten Öko-Weingüter der Region, das sich so konsequent und so frühzeitig wie kein anderes in der Region das Wirtschaften im möglichst engen Einklang mit der Natur auf seine Fahne geschrieben hat.

Weingut Hamm
Hauptstraße 60
65735 Oestrich-Winkel
www.hamm-wine.de

Wenn die Inschrift an der Kellertür ihre Richtigkeit hat, wurde an diesem mächtigen Gewölbe rund 30 Jahre lang gebaut.

In der gut gepflegten Schatzkammer lagern viele alte Wein-Preziosen und harren darauf, entkorkt zu werden. Hamm-Weine bestechen durch ihre Langlebigkeit.

Eine Besonderheit dieses Gewölbekellers ist, dass er einmal im Karree durchschritten werden kann.

HENKELL FREIXENET / WIESBADEN

„CELEBRATE LIFE!“

Kellerstufen: 94
Erbaut: 1909
Größe: sieben Stockwerke mit jeweils rund 200.000 Liter fassenden Tanks
Ältester Schatzkammerwein: 1890er Henkell trocken

Besichtigung: nach Voranmeldung drei verschiedene Kellertouren mit Verkostung als Option

VISIONÄR UND REPRÄSENTATIV

Diese Wiesbadener Kellergeschichte nimmt ihren Anfang in Mainz: 1832 beginnt der Sektpionier Adam Henkell in der Domstadt als Weinhändler und gründet bald darauf seine Champagnerfabrik. Im Jahr 1856 füllt er den ersten eigenen Sekt ab. Mit „Henkell Trocken", einer der ersten amtlich geschützten Marken in Deutschland, begann nach 1894 die Erfolgsgeschichte von Henkell, die alsbald einen großzügigeren Firmensitz verlangte.

Gründer-Enkel Otto Henkell wagt schließlich den Sprung über den Rhein und lässt zwischen 1907 und 1909 auf dem Areal einer ausgebeuteten Dyckerhoff-Kiesgrube in Biebrich durch Architekt Paul Bonatz das neue Stammhaus im neoklassizistischen Stil errichten. Ein heute noch visionärer Industriebau, der zugleich der Produktion und der Repräsentation dient.

Vom prachtvollen, fast einschüchternd schönen Marmorsaal aus geht es 94 Stufen hinab zu drei schönen Prunkfässern aus den 1890er Jahren. Ein geschnitzter Holzboden als „Geschenk amerikanischer Freunde" zeigt die Freiheitsstatue vor New York, die aus dem Kies der Dyckerhoff-Grube errichtet worden sein soll. Besonders imposant sind die teils mehr als 200.000 Liter großen Fasstanks, von denen einige heute noch nutzbar sind. Die moderne Sektproduktion spielt sich einige Stockwerke höher ab. Dort ist auch die neue Sektmanufaktur des seit der Fusion mit Freixenet deutschen Weltmarktführers für Schaumwein eingerichtet, in der die 70.000 Besucher jährlich die Sektherstellung hautnah erleben können. Oder sie buchen eines der reizvollen Seminare zu prickelnden Themen wie der „Faszination Champagner".

Sektkellerei Henkell Freixenet
Biebricher Allee 142
65187 Wiesbaden
www.henkell-freixenet.com

Der Relief-Fassboden (rechts oben) mit der Ariadne-Legende wurde 1894 gestaltet und schmückte seinerzeit das erste Cuvée-Fass der „Specialmarke Henkell Sekt Trocken".

Zwei Prunkfässer aus dem Keller von Henkell in Wiesbaden. Darunter ein Blick in die ansprechend gestalteten Verkostungsräume.

MK
MENGER-KRUG
MK
MENGER-KRUG
MK
MENGER-KRUG

HOCHSCHULE GEISENHEIM / GEISENHEIM

„AUS JEDER REBSORTE DAS OPTIMUM HERAUSHOLEN“

Kellerstufen: 19
Erbaut: um 1750
Temperatur: 15–18 °C
Luftfeuchtigkeit: um 70 %
Ältester Schatzkammerwein: 1882er Geisenheimer Riesling

Besichtigung: nach Vereinbarung

EXPERIMENTIERFELD FÜR STUDENTEN

Kein anderes Weingut im Rheingau hat einen solchen Strauß an Rebsorten zu bieten. Und kein anderer Keller bietet einen derart spannenden Raum für Experimente. Etwa 300 Versuche werden hier jedes Jahr gestartet. Von den 36 Hektar Rebfläche sind allein ein Drittel der Rebenzüchtung vorbehalten. In Geisenheim wird an neuen, widerstandsfähigen Rebsorten geforscht. Geisenheim ist ein Versuchsweingut mit Versuchskeller, denn an der Hochschule geht es darum, die Ergebnisse aus Forschung und Lehre in die Praxis zu übertragen. Kein Wunder also, dass der Keller voller Miniaturtanks ist, in denen auch sehr kleine Mengen Wein erzeugt werden können. Und es gibt eine gewaltige Schatzkammer, die zugleich ein Forschungsarchiv ist. Hier liegen mehr als 200.000 Flaschen. Darunter sind Weine aus Versuchsreihen, die immer noch fortgesetzt werden. Für Weinromantiker ist der stimmungsvolle Holzfasskeller im ältesten Teils des Gewölbes der schönste Platz. Der kurze Weg zum leider stillgelegten Brunnen am Ende des Stollens ist gesäumt von großen Holzfässern, deren Böden von Holzschnitzern mit Motiven gestaltet wurden, die sich der jeweilige Geisenheimer Abschluss-Jahrgang ausgedacht hat. Eine hübsche Idee, die Zeitgeschichte erlebbar macht. Die Motive reichen vom Sputnik-Start über die Wiedervereinigung bis zur deutschen Weingesetzgebung. Es ist ein Schatz der besonderen Art für die einzige Hochschule Deutschlands mit integriertem Weingut.

Weingut der Hochschule Geisenheim
Kirchspiel
65366 Geisenheim
www.hs-geisenheim.de

EUCH BRING
ICH AUCH NOCH AUF
VORDERMANN
1753–1955
21
22

22
23
24

Das Hochschulweingut verfügt über ein ausgedehntes Weinarchiv, in dem auch Studenten ihre in Flaschen abgefüllten Langzeitversuche lagern.

Jeder Abschlussjahrgang der Hochschule gestaltet einen Fassboden. Die Motive spiegeln den Zeitgeist wider, zeugen aber auch von weinbaulichen oder historischen Ereignissen.

JAKOB JUNG / ERBACH

„WEINE AUF IHREM WEG ZUR PERFEKTION FÜHREN UND BEGLEITEN“

Kellerstufen: 9
Erbaut: um 1700
Temperatur: 11 °C
Luftfeuchtigkeit: 80 %
Größe: zwei etwa 55 Meter lange Gewölberöhren
Ältester Schatzkammerwein: 1959 Riesling Auslese

Besichtigung: anlässlich der Rheingauer Schlemmerwoche im Frühjahr und an den Tagen der offenen Keller im September

AUSSER WEIN ALLES KÄSE

Das Weingut Jakob Jung nutzt zwei imposante Stollen vorwiegend als Flaschenlager. Hier kann zur Schlemmerwoche auch das aktuelle Sortiment verkostet werden.

Wein und Käse, das passt und harmoniert. Nicht nur am Gaumen, auch im Keller. Schon seit 2006 reifen im Gewölbekeller des Erbacher Weinguts Jakob Jung nicht nur Rieslinge und Spätburgunderweine, sondern auch Käselaibe. Damals entdeckten begeisterte Käse-Affineure die klimatischen Besonderheiten der beiden jeweils mehr als 50 Meter langen, durch zwei Gänge miteinander verbundenen Gewölberöhren. Hier herrschen ganzjährig rund elf Grad Celsius und eine Luftfeuchtigkeit von mehr als 80 Prozent. Ideal nicht nur für Wein. Die Entstehungsgeschichte und frühere Nutzung dieses Gewölbes ist nur fragmentarisch bekannt. Sicher ist, dass der Rüdesheimer Branntweinspezialist Asbach hier zeitweise ein Außenlager für seine Destillate unterhalten hat. Später nutzte das in Nachbarschaft residierende Erbacher Weingut Schloss Reinhartshausen den Keller. Als er 1978 dem in beengter Lage gegenüberliegenden Weingut Jakob Jung angeboten wurde, griff die Familie zu. Er wird heute fast ausschließlich als Reifekeller für die schon in Flaschen gefüllten Weine genutzt. Am Ende der Röhre fast zehn Meter unter Erde reiht sich Gitterbox an Gitterbox. Wie wohl die Lagerzeit in dieser Umgebung Riesling und Spätburgunder tut, zeigt sich an der Langlebigkeit der Gewächse. Wer ältere, gereifte Jung-Weine verkostet, ist nicht selten überrascht von der jugendlichen Frische, die sie ausstrahlen. Und der Käse des Rheingau-Affineurs harmoniert mit ihnen vorzüglich.

Weingut Jakob Jung
Eberbacher Straße 22
65346 Eltville-Erbach
www.weingut-jakob-jung.de

Wo Wein sich wohlfühlt, tut es Käse auch. Der „Rheingau-Affineur“ lässt in einem kleinen Teil des Gewölbekellers feinen Käse reifen, darunter den sehr beliebten „Rheingauer Runden“.

Gitterboxen haben sich als ideal für Lagerung und Transport von Weinflaschen erwiesen, weil sie mit Gabelstaplern leicht bewegt werden können.

J. B. BECKER / WALLUF

„DEM WEIN SEINE ZEIT LASSEN"

Kellerstufen: 18
Erbaut: um 1700, zweimal erweitert
Temperatur: 10 bis 15 °C
Luftfeuchtigkeit: rund 90 %
Länge: 60 Meter über 3 Gewölbe
Ältester Schatzkammerwein: 1953er Wallufer Riesling

Besichtigung: nur auf Anfrage

NUR KEIN HOCHWASSER!

Das Weingut J. B. Becker in Walluf gibt seinen Weinen sehr viel Zeit zum Reifen. Das fördert die Qualität und trägt zur legendären Langlebigkeit der Becker-Weine bei.

Was für ein Sortiment! Wer die Preislisten des 1893 von Weinküfermeister Jean Baptist Becker gegründeten Wallufer Traditionsweingutes studiert, der ahnt zumindest, was ihn in den „Katakomben" an der Niederwallufer Rheinstraße erwartet: jede Menge ältere Jahrgänge, die bei idealen Bedingungen zur Perfektion reifen. In kaum einem anderen Keller fühlt sich das „schwarze Kellertuch" so wohl wie hier. Was hier nach 100 Prozent Handlese im Weinberg und schonendster Verarbeitung landet, ist von hoher Qualität und Lagerfähigkeit. Das Erfolgsgeheimnis der langlebigen Becker-Weine beruht auf vielen Faktoren, lässt sich aber dennoch gut auf einen Nenner bringen: dem Wein seine Zeit lassen. Auch die Gewölbe strahlen souveräne Gelassenheit aus. Der Trend, Weine möglichst jung zu trinken, ist im Weingut Becker ein befremdlicher Gedanke. Hier werden keine Fahnen nach dem Wind der aktuellen Weinmode aufgehängt. Das Weingut ist vielmehr konsequent der eigenen Überzeugung treu geblieben. Ein Dorado für den Liebhaber gereifter Weine. Was der Weinfreund im Keller hingegen nicht findet, sind blitzende Edelstahltanks und französische Barriquefässer. Hier wird mit Überzeugung auf traditionelle Rheingauer Stück- und Doppelstückfässer gesetzt. Für manche Weine ist man sogar von den Vorzügen sorgfältig gepflegter Kunststofftanks überzeugt, die anderorts längst verschrottet wurden. Doch die Qualität im Glas gibt dem Weingut und seiner aus langjähriger Erfahrung gewonnenen Philosophie Recht. Unruhe in diesen Keller bringt allenfalls Hochwasser des nahen Rheins, das dann aus allen Wänden und Fugen dringt. Doch dafür gibt es Hochleistungspumpen.

Weingut J. B. Becker
Rheinstraße 6
65396 Walluf
www.jbbecker.de

Der Becker-Keller wird von großen Holzfässern geprägt. Hier sehen wir traditionelle Rheingauer Stück- und Doppelstückfässer mit einem Fassungsvermögen von 1.200 und 2.400 Litern.

J. KOEGLER / ELTVILLE

„SO VIEL WIE NÖTIG, SO WENIG WIE MÖGLICH“

Kellerstufen: 17
Erbaut: 1973
Temperatur: 12 °C
Luftfeuchtigkeit: 60–65 %
Kapazität: 150.000 Liter Edelstahltanks, 120.000 Liter in Holzfässern, 40.000 Liter in Barriques
Ältester Schatzkammerwein: 1970 Eltviller Kalbspflicht Riesling Auslese (Ökonomierat J. Fischer)

Besichtigung: bei gebuchten Kellerproben, auf Anfrage und während der Rheingauer Schlemmerwoche

BARRIQUES UNTERM AUSSIEDLERHOF

Bei Koegler in Eltville haben große Traditionsfässer und kleine Barriques ihren Platz. Der Keller steht beispielhaft für einen Aussiedlerhof aus den 1970er Jahren.

Es gibt Gelegenheiten, da muss ein Winzer einfach zugreifen. Kurz nachdem Ferdinand Koegler den elterlichen „Hof Bechtermünz" in der Eltviller Kirchgasse übernommen hatte, bot sich die Gelegenheit, das traditionsreiche und hoch angesehene VDP-Weingut Ökonomierat J. Fischer Erben zu erwerben, dem es an einem Betriebsnachfolger mangelte. Damit ersparte sich Koegler die eigene Aussiedlung aus der historischen, aber dicht bebauten Altstadt. Denn dem Weingut Fischer war es schon 1973 am Stammsitz in der Rheingauer Straße zu eng geworden. Der damalige Umzug in einen Neubau ganz ans Ende der „Weinhohle" mit direktem Anschluss an die Eltviller Spitzenlage „Sonnenberg" bot genügend Raum zur Entfaltung. Koegler ist heute froh über den von Fischer seinerzeit großzügig angelegten Keller, den er im Jahr 2002 grundlegend sanierte und klimatisierte. Die eigenen Keller unter dem Ensemble in der Altstadt sind zwar hübsch, aber eher klein. Dass es im ehemaligen Fischer-Keller heute gleichwohl recht eng zugeht, liegt am Faible Koeglers für Spätburgunder und an den rund 150 Barriquefässern, denen hier eine besondere Rolle zukommt. Denn mit 35 Prozent liegt der Rotweinanteil deutlich höher als bei den meisten anderen Rheingauer Weingütern. Koegler gibt den Weinen im Keller viel Zeit zur Reife, was ihrer Entwicklung – das kann man schmecken – gut tut.

Weingut J. Koegler
Kirchgasse 5
65343 Eltville
www.weingut-koegler.de

Die große Zahl von Barriquefässern ist ein Indiz, dass bei Koegler der moderne Ausbau von hochwertigem Spätburgunder einen besonderen Stellenwert hat.

99
51

JOHANNISHOF / JOHANNISBERG

„RUHE, RUHE, RUHE. DER NATUR IHREN LAUF LASSEN UND DEM REIFEPROZESS ZEIT GEBEN“

Kellerstufen: 0
Erbaut: 1946
Temperatur: 8–12 °C
Luftfeuchtigkeit: 70–80 %
Größe: 28 m lang, 5,60 m breit
Ältester Schatzkammerwein: 1902er Johannisberger Riesling

Besichtigung: nach Voranmeldung oder während der Tage des offenen Kellers im Frühjahr und Herbst

BARRIEREFREI IN DEN BERG

Nur ein einziger Stollen, aber der hat es in sich: ein Blick in den schönen Felsenkeller der Familie Eser in Johannisberg.

Das wäre heute unvorstellbar: Der neue Weinkeller wurde im Frühjahr 1946 beantragt und war im Herbst schon fertiggestellt. Doch in den Wirren der Nachkriegszeit war vieles möglich. Rund 20 Arbeiter haben nur ein Jahr nach Kriegsende in kürzester Zeit mit Schaufel und Pickel einen 28 Meter langen Stollen in den Johannisberger Berg getrieben. Da hatten die meisten Deutschen andere Sorgen, als sich um ein neues Weinlager zu kümmern. Doch Familie Eser, deren Wurzeln im Weinbau bis ins Jahr 1685 zurückreichen, hatte die beengten Verhältnisse in der ehemaligen Mühle am Elsterbach gründlich satt und trachtete nach Erweiterung. Überliefert ist, dass ihr Wein als Zahlungsmittel für den damals nur schwer zu beschaffenden Zement und Kalk allzu gerne akzeptiert wurde. Ohne Weinlieferung hätte das Bauunternehmen den Auftrag erst gar nicht annehmen können. Die Weitsicht der Esers beim Kellerbau zahlt sich heute aus. Und Weitsicht bewies sie auch mit dem Festhalten am traditionellen, 1.200 Liter fassenden Holzfass, das heute in vielen Rheingauer Kellern eine Renaissance erfährt. Kein Edelstahltank oder Betontank zog jemals in diesen Keller ein, dessen Gang von rund 50 gepflegten Stückfässern gesäumt wird. Darunter sind zwei mit schön geschnitzten Holzböden. Weil der Stollen ebenerdig in den Berg getrieben worden war, ist er einer der wenigen barrierefreien Weinkeller seiner Art. Auch das eine Besonderheit in Johannisberg.

Weingut Johannishof
Grund 63
65366 Geisenheim-Johannisberg
www.weingut-johannishof.de

Geschnitzte Fassböden sind ein Bekenntnis zur Rheingauer Tradition. Mit seiner hohen Luftfeuchtigkeit bietet der Keller ideale Lagerbedingungen.

HESSISCHE STAATSWEINGÜTER KLOSTER EBERBACH / ELTVILLE

„WIR PFLEGEN DAS WEINKULTURELLE GEDÄCHTNIS DER REGION“

Kellerstufen: 0
Erbaut: 1136
Temperatur: 10–14 °C
Luftfeuchtigkeit: 95 %
Größe: 400 m² (Schatzkammer)
Ältester Schatzkammerwein: 1706 Hochheimer

Besichtigung: regelmäßige Führungen durchs Kloster Eberbach nehmen auch die Weinkeller genauer in den Blick, die Schatzkammer allerdings nur von außen

WEINMONUMENT FÜR DEUTSCHLAND

Einen „echten" Keller sucht der Weinfreund hier vergebens. Denn für die Zisterzienser, die sich 1136 im ewig feuchten Kisselbachtal niedergelassen hatten, war eine gute Wasserversorgung wichtiger als ein trockener Keller. Oberirdische Keller – ein Widerspruch in sich? Es gibt hier gleichwohl vier: Den ältesten, den „schwarzen" Keller, in dem der Rheingauer Weinkonvent seine Schätze lagert. Den Hospitalkeller und den Cabinetkeller, die heute vorwiegend Staffage und deshalb beliebte Fotomotive sind. Mit ihrem Cabinetkeller folgten die Eberbacher Mönche übrigens im Jahr 1730 dem Beispiel Schloss Vollrads'. Der jüngste ist der Nassauer Keller. Er ist es, der die Herzen aller Weinfreunde höher schlagen lässt, denn er ist Domizil der am besten bestückten Schatzkammer Deutschlands. Seit 1890 ist nahezu jeder Jahrgang vertreten. Über die Zahl der Schatzkammerflaschen schweigt die Administration, aber jedes Jahr wandern rund 1.000 Flaschen des aktuellen Jahrgangs neu in das aufwendig zu pflegende Weingedächtnis der Region. Alle 30 bis 40 Jahre müssen die Flaschen umgekorkt werden, um Schaden abzuwenden. Dann bewahrheitet sich der Satz: Die besten Weine trinken nur betuchte Weinliebhaber – und die Kellermeister.

Kloster Eberbach
Kloster-Eberbach-Straße 1
65346 Eltville
www.kloster-eberbach.de

Der Steinberg zählt zu den wichtigsten Lagen der Hessischen Staatsweingüter. Der Steinberger Riesling hat einen Ruf wie Donnerhall.

Die Schatzkammer von Kloster Eberbach sucht deutschlandweit ihresgleichen. Einen besser sortierten Wein-Fundus hat kein anderes Weingut.

Ein Teil der weitläufigen Kellerwelt des Klosters Eberbach ist bei den regelmäßigen Führungen zugänglich. Die Schatzkammer aber bleibt verschlossen.

„IM KELLER ERHALTEN UND HERAUS-STELLEN, WAS WITTERUNG UND BODEN DEN TRAUBEN MITGEGEBEN HABEN“

Kellerstufen: 20
Erbaut: 1902
Temperatur: 10–11 °C
Luftfeuchtigkeit: 70 %
Größe: 3 Gewölbe
Ältester Schatzkammerwein: 1953 Hallgartener Riesling trocken

Besichtigung: während der Rheingauer Schlemmerwoche und anlässlich von Weinproben und den Ausschanktagen im Sommer

Im Flaschenlager von Kreis fühlt sich das „schwarze Kellertuch“ wohl. Flaschenetiketten haben hier keine Überlebenschance.

DAS GEWÖLBE DER „ENGLÄNDER“

Im Weinkeller stellt das Weingut Kreis anlässlich der Schlemmerwoche seinen aktuellen Jahrgang vor. Eine gute Möglichkeit zur Besichtigung dieses imposanten Gewölbes.

Hallgarten war einst das Genossenschaftsdorf im Rheingau. Gleich drei Genossenschaften wetteiferten zu Beginn des 20. Jahrhunderts miteinander. Der 1902 gegründete Zusammenschluss der größeren Weinbergsbesitzer mit jeweils mindestens drei Morgen Rebfläche wurde – wohl wegen ihrer vergleichsweise snobistischen Allüren – scherzhaft „Die Engländer“ genannt. Eine Bezeichnung, die eine Reaktion auf die schon 1898 gegründeten „Deutschen“ und die gleichzeitig mit den „Engländern“ gegründeten „Buren“ war. Die „Engländer“ errichteten am Ortsrand ein imposantes und heute denkmalgeschütztes Gebäude mit drei schönen Gewölbegängen. Die Entwicklung des Weinbaus im Rheingau begünstigte allerdings die sukzessive wachsenden Familienweingüter, weniger die stetig an Mitgliedern und Fläche verlierenden Genossenschaften. Im Jahr 1989 folgte die Auflösung und Fusion zur Vereinigten Winzergenossenschaft Hallgarten, die schon 1907 aus „Buren“ und „Deutschen“ gebildet worden war. 1992 übernahm dann das Weingut Kreis die Liegenschaft der „Engländer“-Genossenschaft. Für das Familienweingut ein echter Glücksfall, denn es ebnete der sukzessiven Erweiterung auf 13 Hektar Rebfläche den Weg und lässt im stimmungsvollen Gewölbe, in dem sich das „schwarze Kellertuch“ ausgesprochen wohlfühlt, ein bequemes Arbeiten im Sinne eines ambitionierten Qualitätsstrebens zu.

Weingut Kreis
Hallgartener Platz 3
65375 Oestrich-Winkel
www.weingut-kreis.de

Der Keller der ehemaligen Winzergenossenschaft bietet dem Familienweingut ideale Möglichkeiten, gehaltvolle Spätburgunder und filigrane Rieslinge zu erzeugen.

Schlusssteine geben Auskunft über das Jahr der Fertigstellung des Kellers, den die Genossenschaft der größeren Weinbergsbesitzer in Hallgarten in Auftrag gegeben hatte.

KRONE / ASSMANNSHAUSEN

„KONTROLLIERTES NICHTSTUN"

Kellerstufen: 0
Erbaut: 1860
Temperatur: 13 °C
Luftfeuchtigkeit: 95–99 %
Länge: 60 Meter

Besichtigung: Vinothek und Keller zwischen April und Oktober von Freitag bis Sonntag geöffnet

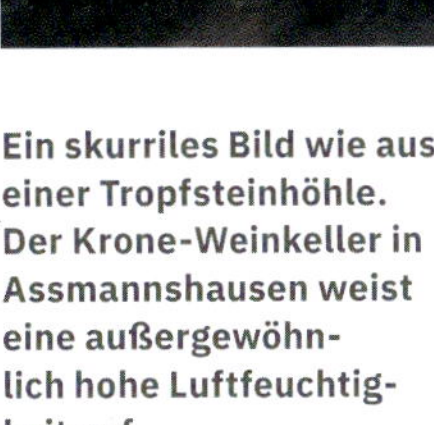

Ein skurriles Bild wie aus einer Tropfsteinhöhle. Der Krone-Weinkeller in Assmannshausen weist eine außergewöhnlich hohe Luftfeuchtigkeit auf.

WO DER BERG SCHWITZT

Gut Ding will Weile haben. Ein Blick auf das Flaschenlager im Weingut Krone.

Kaum ein Rheingauer Keller ist so feucht wie dieser. An manchen Tagen bilden sich in diesem in den Berg getriebenen Felsenkeller sogar Nebelschwaden, wenn die Türen geöffnet werden und warme Luft hereinströmt. Ganz am Ende des rund 60 Meter langen, von kleinen und großen Fässern, Gitterboxen und Edelstahltanks gesäumten Stollen bildet eine Art Tropfsteinhöhle den Abschluss. Was für ein Anblick! Es tropft ständig und überall, und meist windet sich ein Rinnsal den leicht abschüssigen Keller entlang Richtung Ausgang. Diese stete Feuchtigkeit ist Segen und Fluch zugleich. Hier diffundiert kein wertvoller Wein durch die Poren der Fässer. Der „Anteil der Engel" fällt somit besonders karg aus. Doch die extrem hohe Feuchtigkeit setzt nicht nur der Elektrik und den Fässern zu. Selbst Edelstahl widersetzt sich nur begrenzt. Die Weine reifen dafür hervorragend. Gegraben wurde der Keller um 1860 vom damaligen Wirt des legendären Gasthauses „Assmannshäuser Krone", Erwin Brück. Er hatte die kühne Idee, der schon 1541 gegründeten „Krone" ein kleines, aber feines Weingut anzugliedern, das bis in die Gegenwart mit seinem feurigen „Assmannshäuser Höllenberg" Furore macht. Eine Schande, dass Weingut und Gasthaus nach fast 150 Jahren gemeinsamer Geschichte bei einem Besitzerwechsel getrennt wurden. Familie Wegeler-Drieseberg hat sich dem fünf Hektar kleinen Weingut seither mit Verve angenommen. Und wer den Keller besucht, sollte nach einem „Juwel" Ausschau halten: Genau so heißt einer der besten Rotweine des Rheingaus.

Weingut Krone
Niederwaldstraße 2a
65385 Rüdesheim-Assmannshausen
www.weingut-krone.de

Der Berg schwitzt in den Stollen. Auch nagelneue Holzfässer bleiben unter diesen klimatischen Bedingungen nicht allzu lange schön.

Hier hat sich das Weingut auf Besucher eingerichtet. Ein gutes Beispiel, wie ehrwürdige Gewölbe stilvoll saniert werden können.

Das Weingut Krone ist für seine Rotweine aus dem Assmannshäuser Höllenberg berühmt. Eine lange Lagerung im Holzfass ist Voraussetzung hoher Qualität.

„FÜR JEDE REBSORTE DAS PERFEKTE GEWÖLBE“

Kellerstufen: 36
Erbaut: 1893
Temperatur: 12 °C
Luftfeuchtigkeit: 80 %
Größe: zahlreiche Stollen über 3 Etagen
Ältester Schatzkammerwein: 1959er Hochheimer Herrenberg Riesling Spätlese

Besichtigung: auf Anfrage

Auch bei Künstler in Hochheim reifen die besten Rotweine im kleinen Eichenholzfass.

DER PERFEKTE STOLLEN FÜR JEDEN WEIN

Das Weingut Künstler teilt sich den gewaltigen, dreigeschossigen Keller mit der Sektkellerei Rotkäppchen-Mumm.

Deutscher Champagner war in den Jahrzehnten vor dem Ersten Weltkrieg nicht nur sehr gut, sondern auch begehrt und teuer. Als zweitälteste deutsche Schaumweinkellerei gilt bis heute Burgeff in Hochheim. Im Jahr 1837 gemeinsam von dem Geisenheimer Carl Burgeff und Ignatz Schweickardt gegründet, übernahm nach dem Tod von Burgeff 1871 sein Ziehsohn Hermann-Josef Hummel das lukrative Unternehmen. 1893 wurde der „Riesenkeller" am Hochheimer Ortsrand eröffnet: eine dreigeschossige, imposante Kellerwelt mit Gewölben, die Namen wie Graf Zeppelin, Moltke, Bismarck, Kaiser Friedrich und Kaiser Wilhelm tragen. Während des Ersten Weltkriegs und für kurze Zeit auch noch danach diente der Keller als Lazarett. Nach dem Krieg begann der allmähliche Niedergang der Unternehmens, das 1978 – so wie sechs Jahre später Matheus Müller in Eltville – vom Spirituosenkonzern Seagram übernommen wurde. 2001 verkaufte Seagram seine Kellereien in Hochheim und Eltville an Rotkäppchen. Heute teilen sich Rotkäppchen-Mumm und das Weingut Künstler, das 2006 einzog, das Ensemble mit seiner verzweigten Kellerwelt. Für Künstler ist es schon das zweite historische Domizil, denn vor dem Umzug an den Geheimrat-Hummel-Platz residierte das VDP-Weingut zwei Jahrzehnte im 1996 übernommenen Weingut Geheimrat Aschrott'sche Erben mit dem ehemaligen Schatzkammerkeller des Herzogtums Nassau. Im ehemaligen Burgeff-Keller hat Künstler für jede Rebsorte nun das passende Gewölbe. Teilweise werden die Gewölbe auch klimatisiert. Etwa dort, wo der Chardonnay und der Spätburgunder im Holzfass darauf warten, endlich reif genug für die Flasche zu sein. Künstler ist bekannt für besonders langlebige, reintönige Weine mit Finesse, Tiefgang und Charakter.

Weingut Künstler
Geheimrat-Hummel-Platz 1a
65239 Hochheim
www.weingut-kuenstler.de

Ein aufwendig geschnitzter Fassboden, der an Deutschlands zweitälteste Sektkellerei Burgeff erinnert und von Künstler in Ehren gehalten wird.

Über den alten Gewölben hat Künstler viel Platz. Weinfässer über zwei Etagen sind auch für den Rheingau ungewöhnlich.

302
303
301
302
303
304

LEITZ / GEISENHEIM

„NUR GLÜCKLICHE MITARBEITER MACHEN GUTEN WEIN“

Kellerstufen: 0
Erbaut: 2010
Temperatur: 14–22 °C
Luftfeuchtigkeit: nie gemessen
Größe: 1.000 m²
Ältester Schatzkammerwein: 1971 Rüdesheim Berg Rottland Riesling

Besichtigung: nur anlässlich des jährlichen Hoffestes

Blitzender Edelstahl, wohin das Auge blickt. Die Kellerei von Leitz ist eine der modernsten im Rheingau.

WOHLFÜHLKELLER ÜBER TAGE

Hier geht es um die bestmögliche Erzeugung eines hochwertigen Lebensmittels. Nicht um Kellerromantik. Ein Pilz hat hier keinen Platz.

Erst einmal die Hände desinfizieren. Und dann in die Besucherliste eintragen. In einem Weinkeller, der nach dem strengen International Food Standard zertifiziert wurde, geht es weniger um stimmungsvolle Kelleratmosphäre denn um Lebensmittelsicherheit und die Erzeugung rückverfolgbarer Genussmittel. Auch deshalb ist der Zugang durch die luftdichten Türen strikt kontrolliert.

Tatsächlich ist dieser „Keller" eine einzige große, gut isolierte Halle. Hier muss kein Mitarbeiter in kühle Katakomben steigen, um formidablen Wein zu erzeugen. Im größten privaten Weingut des Rheingaus wird oberirdisch gearbeitet. Bei Tageslicht und bei angenehmen Temperaturen von bis zu 22 Grad. Notfalls wird die Halle geheizt, damit niemand zittern muss. Weil jeder der bis zu 40.000 Liter großen Edelstahltanks dank modernster Technik gezielt gekühlt werden kann, stören den Wein weder die hohen Temperaturen in der Halle noch die niedrige Luftfeuchtigkeit. Zwar baut Leitz große Weine aus Spitzenlagen auch in Holzfässern aus, doch die Holzgebinde sind am Leitz'schen Traditionsstandort in Rüdesheim verblieben. Im funktionalen Neubau in Geisenheim, der alles andere als ein Dorado für Weinromantiker ist, steht Hygiene an erster Stelle. Schließlich gehen die Weine unter anderem auch an den anspruchsvollen, besonders pingeligen Lebensmittelhandel. Flackernde Wachskerzen auf alten Holzfässern und dunkle Schimmelpilze an feuchten Wänden wären hier fehl am Platz. Wein und Mitarbeiter sollen sich hier gleichermaßen wohlfühlen. Der schwarze Kellerpilz nicht.

Weingut Leitz
Rüdesheimer Straße 8a
65366 Geisenheim
www.leitz-wein.de

Kühle Effizienz dank Edelstahl und Computertechnik. Wer den Lebensmittelhandel beliefert, muss strenge Standards einhalten.

MATHEUS MÜLLER (ROTKÄPPCHEN-MUMM) / ELTVILLE

„KOMPETENZ TRIFFT LEIDENSCHAFT. QUALITÄT IM MITTELPUNKT“

Kellerstufen: 41
Erbaut: um 1820
Temperatur: 14–18 °C
Luftfeuchtigkeit: um 70 %
Größe: Tanks und Fässer für 15 Millionen Liter Wein und 4,2 Millionen Liter Sekt
Ältester Schatzkammersekt: 1939er Hochzeits-Sonderabfüllung

Besichtigung: anlässlich des „Tag des Sektes“ im Mai

MATHEUS MÜLLER (ROTKÄPPCHEN-MUMM) / ELTVILLE

SEKT FÜR DEUTSCHLAND

Der Platz für die unbestechliche Weinanalyse. Schwarze Gläser sind Voraussetzung für einen objektiven Geschmackstest.

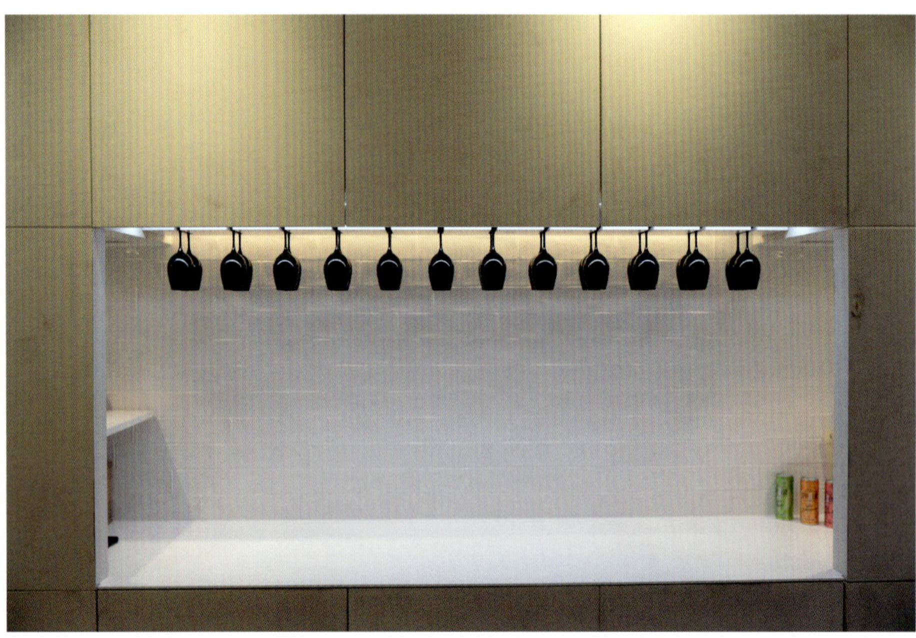

Das „Cuvéefass A" ist ein Gigant: Genau 286.150 Liter fasst der in den 1950er Jahren installierte Tank mit der Nummer „0001" im untersten, ältesten Kellergewölbe von „MM". Diese beiden Buchstaben leuchten weithin sichtbar und knallrot vom markanten weißen Turm auf dem fast vier Hektar großen Kellereigelände, das der Sektpionier und Weinhändler Matheus Müller zu Beginn des 19. Jahrhunderts direkt neben der alten Stadtmauer erworben und sukzessive bebaut hat. Zu den Glanzzeiten von „MM" gab es sogar eine gut genutzte Wein-Pipeline direkt aus dem Keller zum Eltviller Bahnhof. Nach einer wechselvollen Unternehmensgeschichte in der zweiten Hälfte des 20. Jahrhunderts ist die einstige „MM"-Kellerei seit dem Jahr 2002 der nach Freyburg zweitwichtigste Standort von Deutschlands expansivem Sektmarktführer Rotkäppchen-Mumm. Die Übernahme von „MM" durch die Sachsen war ein Glücksfall für die selbsternannte Sektstadt Eltville, denn Rotkäppchen investierte seither kräftig und lastet heute die imposante, weitverzweigte Kellerwelt gut aus. Kaum ein Tank, der nicht in Betrieb ist, um den Sektdurst der Deutschen zu stillen. Holzfässer spielen in diesen Gewölben aber schon seit den 1960er Jahren fast keine Rolle mehr. Dafür gibt es labyrinthartige, lange Gänge, immer vorbei an mit Expoxitharz ausgekleideten Betontanks und stählernen Drucktanks mit Rührwerk. Und direkt unter dem Keller plätschert der Kiedrichbach.

Sektkellerei Rotkäppchen-Mumm
Matheus-Müller-Platz 1
65343 Eltville
www.rotkaeppchen-mumm.de

Ein verwirrendes Labyrinth an langen Gängen und Stollen. Hier hat Deutschlands Sektmarktführer sein zweites Zuhause.

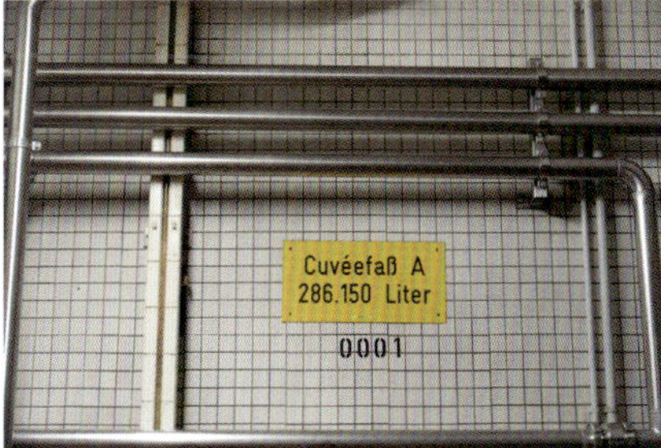

Die Dimension dieser Kellerwelt beeindruckt. Für die Sektstadt Eltville war die Übernahme von „MM“ durch Rotkäppchen seinerzeit ein Glücksfall.

Kühle Moderne und holz-
geprägte Tradition in
architektonischer Sym-
biose bei Rotkäppchen-
Mumm.

OHLIG / RÜDESHEIM

„QUALITÄT AUS TRADITION"

Kellerstufen: 0
Erbaut: 2019
Temperatur: 22 Grad, Tanks gekühlt
Luftfeuchtigkeit: je nach Jahreszeit
Größe: 3.000 m² mit Lagerplatz für eine Million Flaschen

Besichtigung: zum Deutschen Sekttag im Mai und auf Anfrage

Zum hundertjährigen Bestehen hat sich die Sektkellerei Ohlig in Rüdesheim mit einem der modernsten Produktionsgebäude Deutschlands beschenkt.

TANKVERGÄRER AUS ÜBERZEUGUNG

Die traditionsreiche Sektkellerei Ohlig hat großen Erfolg in ihrer Marktnische und setzt ganz auf die Vergärung hochwertiger Grundweine in Stahltanks.

Genau 100 Jahre nach ihrer Gründung anno 1919 hat sich die mittelständische Sektkellerei Ohlig in Rüdesheim einen neuen Firmensitz spendiert. Es war die mit fünf Millionen Euro größte Investition der Firmengeschichte. Damit wurde das von Anton Ohlig gegründete Familienunternehmen nach einer mehr als 30 Jahre währenden Phase der örtlichen Zweiteilung wieder an einem einzigen Standort zusammengeführt. An der Geisenheimer Straße, wo bis dahin schon die Vinothek und die Versandabteilung nebst Flaschenlager untergebracht war, wurde ein 3.000 Quadratmeter großer Erweiterungsbau für Produktion und Verwaltung errichtet. Unternehmensgründer Anton Ohlig hatte in Geisenheim Weinbau und Kellerwirtschaft studiert und 1896 als Kellermeister bei der 1858 gegründeten Rüdesheimer Sektkellerei Ewald & Co. angefangen. Die Geschäftsidee war es, eine Sektkellerei zur Belieferung der Offiziere an der Westfront zu etablieren. Doch als die Rheingauer Schaumweinkellerei Ohlig & Co ihren Betrieb aufnahm, war der Erste Weltkrieg vorbei. Das Unternehmen überstand die schwierige Weimarer Zeit und den Nationalsozialismus gut. An Bord der Lufthansa lernte Ohlig-Sekt das Fliegen. Ohlig profitierte in der Nachkriegszeit vom wachsenden Sektdurst der Deutschen und lockte mit pfiffiger Werbung: „Und hat die Mutti mal den Frust, dann gibt es einen Freudenschuss." Heute verlassen rund 1,7 Millionen Flaschen Sekt jährlich die Tore. Der topmoderne

Neubau ist auf Wachstum ausgelegt. Ohlig reüssiert in einer Nische neben den großen, marktbeherrschenden Schaumwein-Konzernen wie Rotkäppchen-Mumm, Henkell-Freixenet und Schloss Wachenheim. Die Kellerei vertreibt eigene Sektmarken und bietet sich als Lohnversekter für Winzer und Groß- und Kleinabnehmer an, die einen Sekt mit ihrem individuellen Etikett ausstatten wollen. Feinste Sekte aus dem großen Tank, denn die klassische Flaschengärung sieht man bei Ohlig nicht als zwingendes Qualitätsmerkmal: „Wir sind Tankvergärer aus Überzeugung."

Sektkellerei Ohlig
Geisenheimer Straße 54
65385 Rüdesheim
www.ohlig-sekt.de

2016
KIEDRICH
GRÄFENBERG
WEINGUT
ROBERT
WEIL
RIESLING
TROCKENBEERENAUSLESE

ROBERT WEIL / KIEDRICH

„PERFEKTE VERKNÜPFUNG VON TRADITION UND MODERNE“

Kellerstufen: 49
Erbaut: um 1800, bis 2012 mehrfach erweitert
Temperatur: 10–15 °C
Luftfeuchtigkeit: 70–85 %
Größe: 3.000 m² auf 2 Etagen
Ältester Schatzkammerwein: 1893er Kiedricher Gräfenberg Riesling Feinste Auslese

Besichtigung: auf Anfrage, bei den Jahrgangspräsentationen und in Verbindung mit gebuchten Weinproben

Keine Kompromisse bei Robert Weil in Kiedrich: 100 Hektar Rebfläche, 100 Prozent Riesling, 100 Prozent Qualitätsstreben.

SITZT WIE EIN MASSANZUG

Die neuen Holzfässer verleihen den Riesling-Weinen aus den drei Kiedricher Berglagen Gräfenberg, Turmberg und Klosterberg ein hohes Maß an Finesse, Komplexität und Tiefgang

Diesem schönen Gewölbe hat bislang jede Generation der Familie Weil ihren Stempel aufgedrückt. Als Gründer Dr. Robert Weil im Jahr 1875 das ehemalige Wohnhaus des Kiedricher Wohltäters Sir John Sutton erwarb und kurz danach das Haus und den rund 200 Jahre alten Keller einer ehemaligen Hofreite für die weinbauliche Nutzung erweiterte, legte er damit zugleich den Grundstein für eines der erfolgreichsten und renommiertesten deutschen Weingüter. In mehreren Schritten, zuletzt 2012, wurde das zweigeschossige Kellergewölbe auf großzügige 3.000 Quadratmeter erweitert. Im Sinne authentischer, ausdrucksstarker Weine, die ihre Herkunft widerspiegeln, wird nicht nur im Weinberg, sondern auch in dem seit 1992 vollklimatisierten Keller nichts dem Zufall überlassen. Die Verbindung von Tradition und Moderne ist die Leitlinie des Weingutes, und sie lässt sich an der gepflegten Schatzkammer ebenso erkennen wie zwischen den glänzenden Edelstahltanks und im neuen, imposanten Holzfasskeller, der Ausdruck des Wunsches nach komplexen, finessenreichen Weinen ist. Trotz der sukzessiven Erweiterung über vier Generationen hinweg würde man den Keller bei einem Neubau auf der grünen Wiese kaum anders anlegen, heißt es in dem rund 100 Hektar großen und zu 100 Prozent auf Riesling fokussierten Weingut Weil: „Unser Keller sitzt wie ein Maßanzug."

Weingut Robert Weil
Mühlberg 5
65399 Kiedrich
www.weingut-robert-weil.com

Jede Generation der Familie Weil hat dem Weingut ihren Stempel aufgedrückt. Der Keller wurde über die Jahrzehnte sukzessive erweitert, zuletzt im Jahr 2012.

Welche Riesling-Weine für welchen Zeitraum im großen Holzfass reifen dürfen, das entscheiden die Kellermeister je nach Jahrgang in jedem Jahr aufs Neue.

Trotz der Rückkehr der Holzfässer in den Keller haben Edelstahltanks für junge, frische, fruchtbetonte Weine eine hohe Bedeutung. Jeder Tank wird individuell temperaturgesteuert für die optimale Vergärung der Moste.

SCHLOSS JOHANNISBERG / JOHANNISBERG

„GESCHMACKSINTENSIVE UND AROMATISCHE WEINE MIT AUSDRUCKSSTÄRKE UND TIEFE“

Kellerstufen: 42 bis in die Schatzkammer
Erbaut: um 1100/ erweitert 1721 und 2018
Temperatur: 13–17 C°, Schatzkammer 10,5 C°
Luftfeuchtigkeit: 78 %
Länge: 239 Meter
Ältester Schatzkammerwein: 1748er Schloss Johannisberger Riesling

Besichtigung: auf Anfrage und bei Führungen jeden Sonntag von April bis Oktober, 14 Uhr, Voranmeldung empfohlen

Die Mutter aller Keller: Das Gewölbe unter Schloss Johannisberg strahlt eine majestätische Aura aus. Hier wurde deutsche Weingeschichte geschrieben.

AUCH UNTERIRDISCH MONUMENTAL

Seit dem Jahrgang 1840 ist in der Johannisberger Schatzkammer jeder Jahrgang zumindest mit einer Flasche vertreten.

Fast scheint es, als würde der „Spätlesereiter“ direkt auf den Kellereingang blicken. Schräg gegenüber dem häufig fotografierten Reiter-Denkmal, das an die „Entdeckung“ der Spätlese im Jahr 1775 erinnert, geht es hinter einer Tür steil hinab. 25 Stufen führen in den großen Holzfasskeller. Errichtet im Jahr 1721, kurz nachdem die Fürstäbte von Fulda das ehemalige Kloster erworben hatten. Die historischen Wurzeln liegen weitere 17 Stufen tiefer. Sie führen in den ältesten Teil des Kellers, der um 1100 gebaut worden sein muss. Dort liegt der Schatz des Johannisbergs: die Bibliotheka Subterranea. Es ist ein Weinarchiv, wie es nur ganz wenige deutsche Weingüter aufzuweisen haben. Die älteste Flasche, die ihrer fernen Entkorkung entgegenreift, ist ein 1748er Schloss Johannisberger. Seit 1840 ist in diesem Gewölbe jede Dekade mit Weinen vertreten, und seit 1933 fast jeder einzelne Jahrgang. Insgesamt 25.000 Flaschen. Ein Weinparadies hinter Gittern, die Unbefugte abweisen. Je nach Jahrgang dürfen jährlich bis zu 1.500 Flaschen neu in die Weinbibliothek einziehen. Der jüngste Wein lagert zwischen all den Flaschen in soliden Rheingauer Stückfässern: ein Riesling „Goldlack“. Das ist der neue trockene Premiumwein auf dem Riesling-Weingut Schloss Johannisberg, das mit großem Engagement bemüht ist, an die ganz großen Zeiten deutschen Weins anzuknüpfen.

Schloss Johannisberg
65366 Geisenheim-Johannisberg
www.schloss-johannisberg.de

Die Schatzkammer des Schlosses ist gut gesichert. Und die Botschaft auf dem Fassboden erinnert alle Besucher daran, was in diesem Gewölbe schicklich ist und was nicht.

Im unterirdischen Gewölbe werden stimmungsvolle Weinproben gehalten. Der Johannisberger gilt seit jeher als besonders guter Tropfen.

Die geschnitzten und mit Sprüchen verzierten Fassböden sind zugleich Zeugnisse der Weinbaugeschichte auf Schloss Johannisberg.

SCHLOSS REINHARTSHAUSEN / ERBACH

„ZEIT UND GEDULD VOR GESCHWINDIGKEIT“

Kellerstufen: 25
Erbaut: vermutlich 18. Jahrhundert, erweitert 1893 bis 1896
Temperatur: 13–15 C°
Luftfeuchtigkeit: rund 65 %
Größe: Platz für rund 800.000 Liter in Fässern und Tanks
Ältester Schatzkammerwein: 1861 Erbacher Kahlig Riesling Auslese

Besichtigung: auf Anfrage und nach vorheriger Anmeldung

Zwei Jahresernten könnten in den weitläufigen Gewölben unter Schloss Reinhartshausen eingelagert werden.

FLUCHTBURG EINER PRINZESSIN

Viel Platz für noch mehr Wein: Die ausgedehnten Kellergänge unter Schloss Reinhartshausen in Erbach, wo auch die Weine von der Rheininsel Mariannenaue ausgebaut werden.

Welches Weingut hat schon eine eigene Insel? Dazu die größte im gesamten Rhein? Schon diese Konstellation zeigt, welche Perle Schloss Reinhartshausen im Rheingau ist. Die Insel Mariannenaue ist nicht nur wegen des Klimas, sondern auch weinbaulich eine Besonderheit. Hier wurde versuchsweise Deutschlands erster Chardonnay gepflanzt, denn der eiszeitliche Kalkboden gilt als ideales Terroir für die erfolgreichste Weißweinsorte der Welt. Wer die Chance zur Inselbesichtigung hat, der genieße die kurze, aber schöne Rhein-Überfahrt auf dem ehemaligen Lotsenboot „Preußens Gloria".

Der Komplex des in der heutigen Form nach Graf Clemens August von Westfalen ab 1801 errichteten Schlosses geht auf Ludwig Christoph Langwerth von Simmern und die sukzessive Zusammenführung von zwei Rittersitzen und eines kirchlichen Gutes zurück. Im Jahr 1855 fand Marianne von Preußen, eine Prinzessin der Niederlande, hier ihre Fluchtburg, die sie vielfältig umgestaltete und erweiterte. Erst seit 1902 trägt die ehemals „Ingelheimer Aue" und später in „Westfälische Aue" umbenannte Rheininsel ihren heutigen Namen. Die weitläufigen, imposanten Kellergewölbe stammen in ihrer Urzelle wohl zumindest aus dem 18. Jahrhundert und wurden zum Ende des 19. Jahrhunderts erweitert. Das erst 1959 zum Hotel umgebaute Schloss und das Weingut, dem weltberühmte Lagen wie der „Marcobrunn" gehören, wurden im Zuge des jüngsten Besitzerwechsels voneinander getrennt. Seit 2013 trägt im fast 70 Hektar großen Weingut die Pfälzer Winzerfamilie Lergenmüller die Verantwortung und stellt sich der langen Tradition. Denn der Weinbau am heutigen Standort des Schlosses, wo zwischen 1189 und 1275 der Stammsitz der Herren von Erbach war, lässt sich aus den Archiven bis in das Jahr 1337 zurückführen, als die Erbtochter eines gewissen Johann Genne von Scharfeinstein den Ritter Kraft von Allendorf ehelichte, dessen Familie daraufhin nach Erbach am Rhein übersiedelte. Das Weingut Schloss Reinhartshausen bekennt sich zu dieser langen Geschichte und nimmt für sich selbstbewusst in Anspruch, damit zu den ältesten Weingütern der Region zu zählen: „Riesling-Legende seit 1337".

Weingut Schloss Reinhartshausen
Hauptstraße 39
65346 Eltville-Erbach
www.schloss-reinhartshausen.de

Auch in Schloss Reinhartshausen ist die Schatzkammer gut gesichert vor unbefugtem Zutritt.

Keine Hektik. In diesem Gewölbe wird dem Wein viel Zeit zur Reifung gewährt.

8819
8818

SCHLOSS VOLLRADS / WINKEL

„100 PROZENT RIESLING. REBSORTENTYPISCHE, LANGLEBIGE, AUSDRUCKSSTARKE UND TRINKFREUDIGE WEINE MIT FRUCHT UND TIEFGANG UND MODERATEM ALKOHOL"

Kellerstufen: 14
Erbaut: nach 1684, Cabinetkeller 1716
Temperatur: 10 °C
Luftfeuchtigkeit: 60 %
Größe: 6 Keller und Schatzkammern
Ältester Schatzkammerwein: 1862 Vollradser Riesling

Besichtigung: nach Voranmeldung, bei regelmäßigen Kellermeister-Führungen und zum Vollradser Weihnachtsmarkt

Der Cabinetkeller von Schloss Vollrads wirkt unscheinbar. Doch er ist der erste seiner Art und war schon 1716 für die Aufnahme der besten Tropfen hergerichtet worden.

14 STUFEN IN DIE WEINGESCHICHTE

Vollradser Weine genießen einen hervorragenden Ruf. Am besten schmecken sie im Sommer im schönen Innenhof des Schlosses mit Blick auf das einzigartige Ensemble.

Hinter einer Eisenflügeltür im Hof von Schloss Vollrads führen 14 Stufen hinunter in ein besonderes Kapitel deutscher Weingeschichte. Hier wurde 1716 der erste deutsche Cabinetkeller für besonders feine Tropfen eingerichtet. Weine aus dem Wein-Cabinet waren das Beste, was die Grafen Greiffenclau aus den umliegenden Weinbergen geerntet hatten. Cabinet hieß fortan die Zusatzbezeichnung für besonders edle und hochpreisige Weine, denen eine längere Zeit der Kellerreife vergönnt war. Erst 1724 war das Schloss in seiner heutigen Dimension vollendet. Es gibt heute eine ganze Kellerwelt: unter anderem den kleinen Gärkeller, den Kapellenkeller und den Nordkeller, der heute wieder mit großen Holzfässern bestückt wird. In einer ehemaligen Kapelle im Sockel des Wasserturms reifen edelsüße Weine in Großflaschen für die Ewigkeit. Der zum 300. Geburtstag renovierte Cabinetkeller mit seinen Nebenstollen ist weinhistorisch besonders. Hier steht sogar ein Ofen, wobei ungeklärt ist, ob sich daran seinerzeit die Kellermeister die Hände wärmen wollten oder ob es sich um einen frühen Versuch der Temperaturkontrolle handelt. Jedenfalls kann Vollrads für sich reklamieren, noch lange vor dem großen Nachbarn Schloss Johannisberg, wo 1775 die Spätlese „erfunden“ wurde, eine besondere Seite der deutschen Weingeschichte aufgeschlagen zu haben.

Schloss Vollrads
Vollradser Allee
65375 Oestrich-Winkel
www.schlossvollrads.com

Dieses Rechnungsdokument hängt in der Schatzkammer am Fuß des Wasserturmes und bestätigt den Weinbau der Familie Greiffenclau seit dem Jahr 1211.

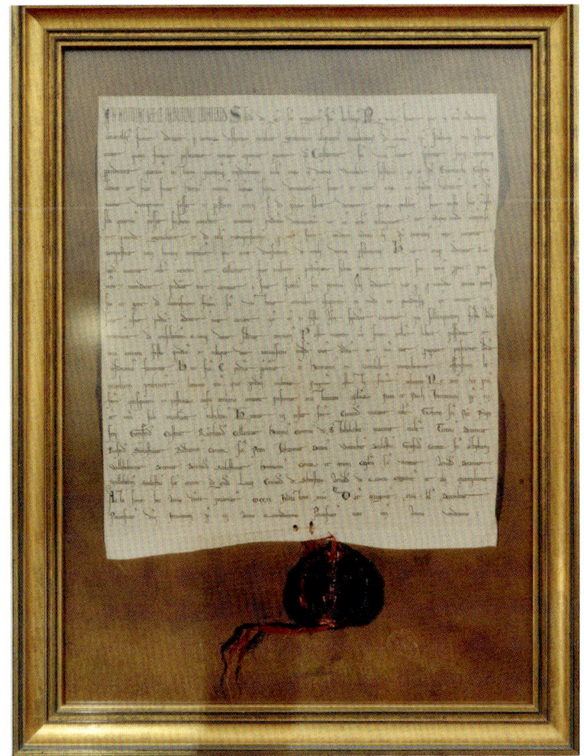

TRENZ / JOHANNISBERG

„WEINE WIE KINDER MIT LIEBE, ENGAGEMENT UND HERZBLUT PFLEGEN UND ERZIEHEN“

Kellerstufen: 25
Erbaut: 1670, mehrfach erweitert
Temperatur: 12 °C
Luftfeuchtigkeit: 60–70 %
Größe: vier miteinander verbundene Kellergewölbe
Ältester Schatzkammerwein: 1993er Trenz Riesling Auslese

Besichtigung: zu den „Tagen des offenen Kellers“ im November und vor Ostern

Sieht aus wie ein Weingefängnis, ist aber die ungewöhnliche Schatzkammer des Weingutes Trenz, in der reife Weine sorgsam aufbewahrt werden.

STOLLEN ALS SCHATZKAMMER

In farbiges Licht getaucht, verändern Keller ihr Antlitz. Hier ein Blick in den Rotweinkeller mit seinen 225 Liter fassenden Holzfässern aus Eiche.

Ein Weinkeller ist auch dann von Nutzen, wenn den Bürgern im Überlebenskampf gerade nicht der Sinn nach Wein steht. Während des Zweiten Weltkriegs diente das schon 1670 an der Schulstraße gegrabene Weingewölbe als Luftschutzbunker für Johannisberger Bürger. Doch gottlob waren die kriegerischen Phasen die Ausnahme in der 350 Jahre alten Geschichte des Weinguts Trenz. Eine Erfolgsgeschichte, denn der anmutige Gewölbekeller, der auf die Tage der Weingutsgründung zurückgeht, war im 20. Jahrhundert viel zu klein geworden. Heute ist er beheizbar und dient bisweilen als Raum für exklusive Proben. Seit den fünfziger Jahren kamen ein Tankkeller, ein Holzfasskeller und ein Gewölbekeller hinzu, die durch teils abenteuerliche Weise miteinander zu einem großen Ganzen verbunden wurden. Besonders sehenswert in der vierteiligen Kellerwelt von Trenz ist ein als Schatzkammer genutzter, kurzer Verbindungsstollen. Hier lagern Weine aus den zurückliegenden Jahrzehnten. Ein Weinarchiv mit perfekten klimatischen Bedingungen, aus dem heraus die große Lagerfähigkeit der Trenz-Weine jederzeit belegt werden kann. Die letzte, großzügige Erweiterung des Kellers wurde 1984 vollzogen. Ein weiterer Maulwurfsgang scheint derzeit aber wenig wahrscheinlich, weil das Weingut durch eine Übernahme in Johannisberg noch einen Standort hinzugewonnen hat.

Weingut Trenz
Schulstraße 3
65366 Geisenheim-Johannisberg
www.weingut-trenz.de

Die ältesten Teile des sukzessive erweiterten Kellers wurden schon im 17. Jahrhundert erbaut. Die letzte Erweiterung datiert aus dem Jahr 1984.

59
56
55
54

Wie viele andere Weingüter nutzt auch das Weingut Trenz sein Gewölbe als Veranstaltungsort. Hier lässt sich stimmungsvoll feiern.

90°
19/13
KAPELLENBERG
RIESL. SPÄTLESE
35
3,0

„ELEGANTE, FEINE RIESLINGE UND SPÄTBURGUNDER VON REINTÖNIGEM CHARAKTER“

Kellerstufen: 0
Erbaut: nach 1868
Temperatur: 13 °C
Luftfeuchtigkeit: 90 %
Länge: 30 m
Ältester Schatzkammerwein: 1976er Lorcher Riesling

Besichtigung: bei Weinproben oder zu den Öffnungszeiten des Ausschanks

Eine ehemalige Schiefergrube in Lorch ist heute ein Weinkeller. Das ist auch im Rheingau außergewöhnlich.

RIESLING AUS DER SCHIEFERGRUBE

Die Lorcher Weine zeichnet wegen der vom Schiefer geprägten Weinbergsböden ein besonderer Charakter aus.

Es ist vielleicht der ungewöhnlichste Keller der Region, denn er wurde nicht für Wein, sondern für Schiefer gegraben. 1868 erteilte das Königliche Oberbergamt einem gewissen Wendelin Altenkirch die Genehmigung zum Schieferabbau in der Grube mit dem Namen „Nollingen". Allzu lukrativ war das Bergrecht aber wohl nicht. 1921 übernahm der Nachbar Wilhelm Weiler die damals schon wirtschaftlich unergiebige Grube und nutzte den stimmungsvollen Felsenkeller wegen seiner idealen Lagerbedingungen für den Weinbau. Es war die Geburtsstunde des Weinguts Weiler. Wer den später errichteten Querstollen durchschreitet und durch einen engen Gang in die einstige Schiefergrube vordringt, wird mit einem Blick in das Innere des Lorcher Terroirs belohnt. Verwitterte Schiefer- und Quarzitböden geben den Lorcher Steillagen Halt und den dort geernteten Weinen einen für den Rheingau besonderen, unverwechselbaren Charakter. Fast ähnelt die Grube einer kleinen, feuchten Tropfsteinhöhle, denn der Berg schwitzt sein Wasser regelmäßig aus. Kein Wunder bei diesen Bedingungen, dass sich der Schiefer auch auf den markanten Etiketten des Weinguts wiederfindet. Im Keller des nur vier Hektar großen Weinguts, der in Kriegszeiten Schutz vor Luftangriffen bot, haben in jüngerer Zeit moderne Edelstahltanks das traditionelle Holz bis auf fünf traditionelle Rheingauer Stückfässer verdrängt. Eine Entscheidung ganz im Sinne der Suche nach reintöniger Brillanz in Weinen, die ihre Herkunft aus den mit Schiefer durchsetzten Steillagen in aller Klarheit zeigen.

Weingut Weiler
Weiselberg 9
65391 Lorch
www.weingut-weiler.de

In das Herz des Kellers führt eine Art Bergmannsstollen. Hier heißt es, Kopf einziehen.

RHEINGAU
Erbach
1979er
Erbacher Michelmark · Kabinett
Riesling · Qualitätswein mit Prädikat
Erzeuger-Abfüllung
0,7 l
Amtliche Prüfungsnummer
WINZERGENOSSENSCHAFT ERBACH e

WINZERGENOSSENSCHAFT „WINZER VON ERBACH“ / ERBACH

„WEINE MIT SPASSFAKTOR ZUM ANGEMESSENEN PREIS“

Kellerstufen: 24
Erbaut: 1900–1903, erweitert 1974
Temperatur: 14–15 °C
Luftfeuchtigkeit: etwa 70 %
Kapazität: rund 400.000 Liter
Ältester Schatzkammerwein: 1959er Erbacher Honigweg Riesling Trockenbeerenauslese

Besichtigung: bei Weinproben und auf Anfrage

Die Winzer von Erbach wissen, wie sie ihren Keller in Szene setzen. Weinromantik pur, die jedem Besucher das Herz aufgehen lässt.

GEMEINSAM STARK

In der Zeit um 1900 gründeten sich im Rheingau viele Genossenschaften. Auch in Erbach, wo sich der 1898 aus der Taufe gehobene „Winzerverein“ alsbald daran machte, für 63.000 Goldmark an der Ringstraße einen imposanten Keller graben zu lassen. Viel Freude hatten die Genossenschaftswinzer daran nicht, denn schon 1911 kam aus wirtschaftlichen Gründen das Aus für die noch junge Genossenschaft. Ihre Liegenschaft erlebte bis 1962 ein Zwischenspiel als Süßmosterei des Rheingauer Obstmarktes. Im Jahr 1953 folgte die Wiederauferstehung als Winzergenossenschaft Erbach, und 1963 nahm diese den alten Winzerkeller für 180.000 D-Mark wieder in Besitz. „Klein und fein“ ist das Motto der Genossenschaft, die mit mehr als 30 Hektar Rebfläche zu den größeren Erzeugern des Rheingaus zählt, aber zu den kleinen Fischen unter Deutschlands Winzergenossenschaften. 24 Stufen führen hinter einer altehrwürdigen Stahltür hinab in den Keller, der in den 1970er Jahren noch einmal deutlich erweitert wurde. Dort steht heute die lange Phalanx blitzender Edelstahltanks, während im historischen Kellerabschnitt auch viele Stückfässer und Barriques liegen. Der schön geschnitzte Fassboden eines 3.000-Liter-Fasses erinnert an die Erstausstattung der Winzergenossenschaft nach dem Umzug an die Ringstraße, wo die 1996 in „Winzer von Erbach“ umgetaufte Genossenschaft bis heute ideale Bedingungen vorfindet, um Weine mit Spaßfaktor und eindrucksvollem Preis-Leistungsverhältnis auszubauen.

Winzergenossenschaft „Winzer von Erbach“
Ringstraße 28
65346 Eltville-Erbach
www.winzer-von-erbach.de

Die geschnitzten Fassböden erinnern an die lange Geschichte der Erbacher Winzergenossenschaft, deren Vorläufer schon 1898 gegründet worden war.

Ein Blick in die „moderne“ Abteilung der Winzergenossenschaft. Mit Stahltanks unterschiedlicher Größen haben sich Winzer von Erbach für die Herausforderungen der Ernte gewappnet.

Oliver Bock (Foto von Hermann Heibl)

DER AUTOR

Oliver Bock, Jahrgang 1961, wuchs in Pforzheim nahe der badischen und württembergischen Weinlande auf. Seit 25 Jahren berichtet er als Korrespondent aus dem Rheingau für die „Frankfurter Allgemeine Zeitung“ und beobachtet den Weinbau in Deutschland und der Welt. Bock ist Rheingauer aus Leidenschaft und Autor von Porträts deutscher Weinregionen und Weinführer. Seiner Leidenschaft für den Wein frönt er zudem als gelegentliches Jurymitglied bei Weinwettbewerben und als regelmäßiger Blogger in Sachen Riesling, Rheingau & Co. Mehr Informationen und Kontakt unter: www.rheingauer-weinschmecker.de.

IMPRESSUM

1. Auflage

Layout & Satz: Bruno Dorn, Societäts-Verlag
Umschlaggestaltung: Bruno Dorn, Societäts-Verlag
Umschlagabbildung: Hermann Heibel
Alle Abbildungen im Inhalt: Hermann Heibel, E-Mail: info@digitalatelier.de

Druck und Verarbeitung: Print Consult GmbH,
München

Printed in EU 2020

ISBN 978-3-95542-372-8

Besuchen Sie uns im Internet:
www.societaets-verlag.de